CÓMO ESTUDIAR LA BIBLIA

CÓMO ESTUDIAR LA BIBLIA

Manual de estudio bíblico de Los Navegantes

Traducido por
Sonia Soto

Editorial Mundo Hispano

EDITORIAL MUNDO HISPANO

Apartado 4256, El Paso, Texas 79914, EE. UU. de A.

www.editorialmh.org

Editores: Juan Carlos Cevallos
María Luisa Cevallos

Diseño de la portada: Jyunjung Kim
Gloria Williams-Méndez

Primera edición: 2003
Clasificación Decimal Dewey: 268
Tema: Estudios de la Biblia

ISBN:0-311-03672-4
EMH Núm. 03672

5 M 3 03

Impreso en EE. UU. de A.
Printed in U.S.A.

Contenido

Hijo mío, si aceptas mis palabras
	y atesoras mis mandamientos dentro de ti,
si prestas oído a la sabiduría
	e inclinas tu corazón al entendimiento,
si invocas a la inteligencia
	y al entendimiento llamas a gritos,
si como a la plata la buscas
	y la rebuscas como a tesoros escondidos,
entonces entenderás el temor de Jehovah
	y hallarás el conocimiento de Dios.
PROVERBIOS 2:1-5 (itálicas del autor)

Introducción

Muchos cristianos continuamente descubren que la Biblia es un libro accesible y emocionante, cuyas verdades, como joyas preciosas, enriquecen sus vidas. ¡Sí! Usted puede hacer por sí mismo estudios bíblicos inductivos en su propio hogar. La clave para hacer esto es ser sistemático y consistente.

Su estudio bíblico personal semanal con los métodos de autoayuda presentados en este libro lo edificarán y lo afirmarán en el conocimiento de la Biblia, ayudándolo a mantener un compañerismo con Jesucristo, y lo equiparán para enseñar a otros. De esa manera mientras usted aplica fielmente la Palabra de Dios a su vida, su estudio lo ayudará a conformarse más y más al carácter de Cristo. Si esta fuera la única meta, ya valdría la pena de la disciplina, la inversión de tiempo y el esfuerzo que su estudio requiere cada semana. Resuelva ahora que nada le impedirá tener su estudio bíblico en forma constante.

Salomón nos insta a buscar los tesoros escondidos de sabiduría, entendimiento e inteligencia en la Palabra de

Dios, como buscamos la plata (ver Prov. 2:1-5). Cuando Jesús hablaba de las Escrituras dijo: "Escudriñad las Escrituras, porque os parece que en ellas tenéis vida eterna, y ellas son las que dan testimonio de mí" (Juan 5:39). También afirmó: "...era necesario que se cumpliesen todas estas cosas que están escritas de mí en la Ley de Moisés, en los Profetas y en los Salmos" (Luc. 24:44). Él respaldó el testimonio que se revela en toda la Biblia y nos confirmó el motivo central para el estudio bíblico: llegar a conocerlo mejor.

Las dos unidades en este manual son:

- *Fundamentos del estudio bíblico,* que le darán una importante información del trasfondo de todos los métodos de estudio bíblico.
- *Tipos de estudios bíblicos,* que le enseñarán algunos de los más probados métodos de estudio bíblico que Los Navegantes han usado en las pasadas décadas.

Fundamentos del estudio bíblico

CAPÍTULO UNO

Conozca su meta

Dios quiere que cada creyente sea como su Hijo Jesucristo. Pablo escribió: "Sabemos que a los que antes conoció, también los predestinó para que fuesen hechos conformes a la imagen de su Hijo" (Rom. 8:29). La transformación de su vida a la imagen de Jesucristo le dará la oportunidad de ser parte del propósito eterno de la creación que es glorificar al Creador.

Conformarse a Cristo es un proceso de toda la vida, el cual se completará cuando usted pase a la presencia de Dios. Pablo describe este proceso como: "Por tanto, todos nosotros, mirando a cara descubierta como en un espejo la gloria del Señor, somos transformados de gloria en gloria en la misma imagen, como por el Espíritu del Señor" (2 Cor. 3:18).

El estudio bíblico es una parte vital de este proceso. Si estudia la Palabra de Dios fielmente, ora pidiendo entendimiento y diligentemente aplica las Escrituras a su experiencia y caminar diario, su vida cambiará y glorificará a Dios cada vez más.

Muchas verdades espirituales han provocado pensamientos paralelos en el mundo físico. Vea el ejemplo de una persona sedienta que llega a un pozo. Antes de que pueda mitigar su sed debe levantar el cubo, sacar el agua y entonces tomar un trago.

La Palabra de Dios es capaz de satisfacer la sequedad espiritual y a la persona sedienta, de la misma manera como lo hizo Jesús cuando le prometió "agua viva" a la mujer en el pozo de Samaria. Primero, sin embargo, hay que estudiar la Biblia para extraer sus verdades y luego personalmente aplicarlas a nuestra vida.

Extraer el agua se compara a los estudios académicos de la Palabra de Dios. Buenos métodos de estudio y buenos hábitos nos ayudan a tener un entendimiento apropiado y a aplicar las Escrituras. El apóstol Pablo le escribió a un compañero: "Procura con diligencia presentarte a Dios aprobado, como obrero que no tiene de qué avergonzarse, que traza bien la palabra de verdad" (2 Tim. 2:15).

Tomar el agua se compara a creer y aplicar la Palabra de Dios. Santiago declaró: "Pero el que presta atención a la perfecta ley de la libertad y que persevera en ella, sin ser oidor olvidadizo sino hacedor de la obra, éste será bienaventurado en lo que hace" (Stg. 1:25).

CARACTERÍSTICAS DE UN ESTUDIO BÍBLICO

El estudio bíblico personal que cambia vidas no es algo que se hace fortuitamente. Un estudio profundo, aplicable y relevante a la vida tendrá las siguientes cinco características.

Debe ser sistemático y consistente

Jesús explicó las Escrituras sistemáticamente (Luc. 24:27), también los judíos bereanos evaluaron el evangelio que escucharon por su coherencia con las Escrituras (Hech. 17:11). Su estudio debe ser sistemático y consistente. R. A. Torrey, un gran maestro de la Biblia, aconsejó: "Tenga un buen sistema de estudio bíblico y sígalo. El sistema cuenta en todo, pero cuenta más en el estudio que en ninguna otra cosa; y cuenta aún más en el estudio de la Biblia que en ninguna otra forma de estudio".[1]

Debe ser la Biblia misma su propia fuente de investigación

El estudio bíblico personal no depende de lo que otros han dicho acerca de las Escrituras, sino que debe envolver al estudiante en la misma Biblia. Una vez más Torrey insta: "No estudie acerca de la Biblia; estudie la Biblia".[2] Las bibliotecas están llenas de libros que se han escrito acerca de la Biblia, pero sólo hay una Biblia. Vaya a la fuente. Mientras estudia, compare Escritura con Escritura. Una porción vierte luz a otra, enriqueciendo así la experiencia del estudio bíblico y contestando sus preguntas.

Debe haber un registro escrito de sus hallazgos

Una parte importante del proceso de aprendizaje es reproducir en sus propias palabras lo que ha estudiado. Dawson Trotman, fundador de Los Navegantes, dijo: "Los pensamientos se desenmarañan a sí mismos cuando se transfieren a los labios o a través de la punta de un lápiz". Si quiere dominar las verdades de la Escritura, escríbalas en sus propias palabras.

Debe ser aplicado personalmente a su vida diaria

Necesita seguir el ejemplo que nos da el salmista cuando escribió: "Consideré mis caminos y volví mis pies a tus testimonios. Me apresuré, y no me retardé, a guardar tus mandamientos (Sal. 119:59, 60). Las Escrituras son el medio por el cual el Espíritu Santo cambia nuestras vidas, pero en este ministerio él necesita nuestra cooperación.

Debe ser "transmisible"

Un buen método de estudio bíblico personal es aquel que es lo suficientemente simple como para que se pueda transmitir con facilidad. Enseñarle a alguien más cómo estudiar la Biblia por sí mismo es mucho mejor que compartir lo que usted ha recibido de su propio estudio, aunque esto es útil también.

(Estas cinco características del estudio de la Biblia han sido extraídas del ministerio de Lorne C. Sanny, ex presidente de Los Navegantes.)

A MEDIDA QUE COMIENZA

Un buen método de estudio bíblico por sí solo no garantiza un cambio en la vida. La Biblia sólo puede ser entendida completamente con la ayuda del Espíritu Santo. Sin una relación de crecimiento personal, el estudio académico de la Palabra sólo producirá un pequeño cambio. Es importante tomar algunos pasos de preparación personal.

Tenga una vida limpia

Rehusar contender con el pecado en su vida rompe el compañerismo con Dios. El secreto de un compañerismo restaurado y de una vida limpia es muy simple. El apóstol Juan nos dice qué debemos hacer: "Si confesamos nuestros pecados, él es fiel y justo para perdonar nuestros pecados y limpiarnos de toda maldad" (1 Jn. 1:9). Antes de que comience su estudio bíblico, deténgase y confiésele a Dios cualquier pecado conocido.

Ore pidiendo iluminación

Ya que el entendimiento de la Escritura puede venir solamente a través del ministerio iluminador del Espíritu Santo, usted necesita seguir el ejemplo del salmista cuando oró: "¡Bendito seas tú, oh Jehovah! Enséñame tus leyes... Abre mis ojos, y miraré las maravillas de tu ley... Hazme entender el camino de tus ordenanzas, y meditaré en tus maravillas... Guíame por la senda de tus mandamientos, porque en ella me deleito" (Sal. 119:12, 18, 27, 35).

Dependa del Espíritu Santo

Uno de los ministerios del Espíritu Santo es enseñarles a los cristianos las verdades de la Biblia. Jesús prometió: "Pero el Consolador, el Espíritu Santo, que el Padre enviará en mi nombre, él os enseñará todas las cosas y os hará recordar todo lo que yo os he dicho" (Juan 14:26). Pablo declaró: "Y nosotros no hemos recibido el espíritu de este mundo, sino el Espíritu que procede de Dios, para que conozcamos las cosas que Dios nos ha dado gratuitamente" (1 Cor. 2:12). Usted debe confiar en sus enseñanzas y seguir el sabio consejo de Salomón: "Confía en Jehovah con todo tu corazón, y no te apoyes en tu propia inteligencia" (Prov. 3:5).

Dispóngase a obedecer

Jesús indica que un requisito previo para saber la verdad

es estar dispuesto a obedecer la verdad. "Si alguien quiere hacer su voluntad, conocerá si mi doctrina proviene de Dios o si yo hablo por mi propia cuenta" (Juan 7:17). Aquel que esté dispuesto a obedecer las enseñanzas de Dios recibirá sus instrucciones.

NOTAS

1. R. A. Torrey, *The Importance and Value of Proper Bible Study* (Chicago: The Bible Institute Colportage Association, 1921), p. 54.
2. Ibíd., p. 33.

Capítulo dos

Su enfoque

Las conclusiones a las que llegue después de su estudio reflejarán los fundamentos bíblicos en los que cree. Tres creencias fundamentales dirigen un apropiado entendimiento de las Escrituras.

CREENCIAS FUNDAMENTALES

La Biblia es literalmente la Palabra de Dios

El apóstol Pablo declaró categóricamente: "Toda la Escritura es inspirada por Dios" (2 Tim. 3:16). Esta declaración es fundamental para un estudio bíblico. Ya que la Biblia es la inerrante comunicación de Dios con nosotros, merece un cuidadoso estudio e investigación.

La Biblia es literal en el sentido de que sus relatos son registros de acontecimientos reales y no una colección de mitos o leyendas. Los escritores de las Escrituras, sin embargo, algunas veces usan declaraciones metafóricas, alegorías y símbolos.

La Biblia es el medio por el que Dios le revela la verdad a su pueblo

El hombre por sí mismo no puede descubrir los planes de Dios; Dios debe revelárselos. Su verdad no se revela en la silenciosa contemplación de su propia vida o de la naturaleza a su alrededor; pero sí lo hace a través de la iluminación del Espíritu Santo cuando leemos la Palabra inspirada. Jesús enseñó: "Si vosotros permanecéis en mi palabra, seréis verdaderamente mis discípulos; y conoceréis la verdad, y la verdad os hará libres" (Juan 8:31, 32).

La Biblia tiene autoridad

La Biblia tiene autoridad porque Dios es su autor y tiene autoridad absoluta sobre los humanos. Cada área de la vida de cada persona está sujeta a la Palabra de Dios. Durante la tentación Jesús declaró: "No sólo de pan vivirá el hombre, sino de toda palabra que sale de la boca de Dios" (Mat. 4:4; ver Deut. 8:3).

MANTÉNGASE EN EL CAMINO

Para manejar la Palabra de Dios apropiadamente es importante seguir ciertos lineamientos de interpretación (*hermenéutica* es la palabra académica). Observar estos lineamientos no siempre garantiza que llegaremos a conclusiones correctas, pero pasarlos por alto frecuentemente nos lleva al error.

Walt Henrichsen escribió un libro sobre este tema que es de mucha ayuda: *A Layman's Guide to Interpreting the Bible* (NavPress, 1979). Las reglas que él sugiere se resumen a continuación.

Principios generales de interpretación

1. Trabaje bajo la presunción de que la Biblia es la autoridad.
2. La Biblia se interpreta a sí misma; la Escritura es la que mejor explica a la Escritura.
3. Solamente la fe y el Espíritu Santo son necesarios para entender e interpretar las Escrituras.
4. Interprete las experiencias personales a la luz de las Escrituras y no las Escrituras a la luz de las experiencias personales.
5. Los ejemplos bíblicos tienen autoridad solamente cuando se apoyan en un mandamiento. (Por ejemplo, el libro de Hechos menciona que el apóstol que reemplazó a Judas fue escogido echando suertes. Eso no significa que la Biblia nos enseña que echar suertes es la única, y ni siquiera la mejor, forma de escoger a los líderes de la iglesia). *Conclusión*: El creyente está libre de hacer cualquier cosa que la Biblia no prohíbe.
6. El principal propósito de la Biblia no es aumentar nuestro conocimiento sino cambiar nuestra vida. *Conclusiones*:
   a. Algunos pasajes no deben ser aplicados en la misma forma en que fueron aplicados en el tiempo en que fueron escritos. (Por ejemplo, Deuteronomio 22:8 dice que hay que construir un parapeto alrededor de la azotea de la casa de manera que nadie se caiga del techo. Esta era una instrucción sabia cuando la gente usaba los techos planos como lugar adicional para vivir).
   b. Cuando aplique un pasaje, este debe estar de acuerdo con la correcta interpretación.
7. Cada cristiano tiene el derecho y la responsabilidad de investigar e interpretar la Palabra de Dios (por supuesto, se lo debe hacer con humildad; cada uno desde

el más bajo rango hasta el más experimentado erudito puede estar equivocado).

8. La historia de la Iglesia es importante pero no determinante en la interpretación de la Escritura. *Conclusión:* La Iglesia no determina lo que enseña la Biblia; la Biblia determina lo que enseña la Iglesia.

9. Las promesas de Dios en la Biblia están disponibles por medio del Espíritu Santo para los creyentes de todas las generaciones. (Se debe evitar una actitud exigente e insolente cuando se "reclaman" promesas dadas a individuos. Por ejemplo: debido a que Dios le prometió a Sara un hijo no significa que toda mujer que "reclame" como suyo Génesis 18:10 tendrá un hijo.)

Principios gramaticales de interpretación

1. La Escritura tiene sólo un significado y debe ser tomado literalmente.

2. Interprete las palabras en armonía con el significado para el autor en su tiempo.

3. Interprete una palabra en relación con la oración en la que está dada y con el contexto.

4. Interprete un pasaje en armonía con su contexto.

5. Cuando un objeto inanimado es usado para describir a un ser viviente, la declaración debe ser considerada como figurativa.

6. Cuando una expresión está fuera del carácter que tiene el objeto descrito, la declaración debe ser considerada como figurativa.

7. Los elementos esenciales y los personajes de una parábola representan ciertas realidades. Considere solamente estos elementos esenciales y estos personajes cuando saque conclusiones.

8. Interprete las palabras de los profetas en su sentido

usual, literal e histórico, a menos que el contexto o el modo en el cual se realizan claramente indiquen que tienen un significado simbólico. El cumplimiento puede ser por partes; cada cumplimiento de una profecía es una promesa de lo que ha de seguir.

Principios históricos de interpretación

1. Debido a que la Escritura se originó en un contexto histórico, sólo puede ser entendida a la luz de la historia bíblica.
2. Aunque la revelación de Dios en las Escrituras es progresiva, tanto el Antiguo Testamento como el Nuevo Testamento son partes esenciales de esta revelación y forman una unidad.
3. Hechos o eventos históricos se convierten en símbolos de verdades espirituales solamente si las Escrituras los designan de esa manera.

Principios teológicos de interpretación

1. Usted debe entender la Biblia en forma gramatical antes de entenderla teológicamente.
2. Una doctrina no se puede considerar como bíblica a menos que recopile e incluya todo lo que las Escrituras dicen de ella.
3. Cuando dos doctrinas que se enseñan en la Biblia parecen ser contradictorias, acepte ambas como bíblicas en la confianza de que ellas se armonizarán a sí mismas en una unidad mayor.
4. Una enseñanza en las Escrituras que aparece solamente en forma implícita se podrá considerar bíblica cuando se compare con otros pasajes que apoyen esa enseñanza.

Si todas estas reglas suenan desalentadoras, no tema.

Generalmente prevalece el sentido común. Probablemente el libro de más ayuda y más fácil de leer que usted pueda encontrar y que le puede ayudar a una sana interpretación es "La lectura eficaz de la Biblia" de Gordon D. Fee y Douglas Stuart (Miami, Florida: Editorial Vida, 1985).

Capítulo tres

Pasos para cambiar su vida

Para lograr la meta final de una vida cambiada, es importante saber cómo aplicar bien las Escrituras. Los pasos esenciales en este proceso son: observación, interpretación y aplicación.

Observación

Observar es el acto de ver cuidadosamente cómo son las cosas realmente; es el arte de hacer conciencia. La observación depende de dos actitudes básicas: una mente abierta y un espíritu dispuesto.

Algunas veces la gente se acerca al estudio bíblico con ideas preconcebidas. A menudo su actitud es: "No me confunda con los hechos, mi mente ya está determinada". Tener una mente abierta es absolutamente necesario para lograr un estudio bíblico efectivo. Es necesario tener un espíritu dispuesto porque en cualquier momento que usted se guarde para sí un área de su vida, esta área será un estorbo para el entendimiento. El hombre que no esté dispuesto a ser cambiado en su matrimonio ni siquiera podrá ver sus necesidades como esposo. La mujer que rehúse admitir que hay mucha vanidad en su vida probablemente no la verá condenada en las Escrituras. Hacer observaciones minuciosas es el resultado de leer con diligencia, con propósito, pensando e inquiriendo. Leer hasta que la Palabra sacuda la mente y el corazón requiere calidad de tiempo. Mientras usted estudia, lea en busca del mensaje, no del kilometraje.

"¡La observación demanda concentración! El propósito de la observación es saturarse a sí mismo y por completo del contenido del pasaje. Al igual que una esponja, usted debe absorber todo lo que está delante suyo".[1]

Aprenderá más si lleva un registro de lo que observa. A medida que escriba sus pensamientos, estos se volverán claros. Hágase de un estudio bíblico en el cual pueda subrayar las palabras importantes, escribir en los márgenes y hacer flechas para conectar términos relacionados. Si prefiere no escribir en su Biblia, un programa bíblico de computadora le permite imprimir el pasaje que esté estudiando. (Ver el Apéndice A "Ayudas a través de la computadora" p. 127.) Asegúrese de definir las palabras y las frases importantes. Si no sabe el significado de las palabras, es difícil entender las verdades de la Biblia. Uno de los mejores libros de referencias para el estudio bíblico es un diccionario. (Para más referencias, ver en el Apéndice A "Ayudas de estudio" p. 124.)

Hay seis preguntas importantes que lo ayudarán a hacer observaciones apropiadas.

¿Quién?   — ¿Quién es la gente que está involucrada?

¿Qué?   — ¿Qué pasó? ¿Cuáles ideas se expresan? ¿Cuáles son los resultados?

¿Dónde?   — ¿Dónde ocurre el suceso? ¿Cuál es el marco referencial?

¿Cuándo? — ¿Cuándo toma lugar? ¿Cuál es el propósito? ¿Cuál es la razón específica?

¿Por qué? —¿Por qué pasó? ¿Cuál es el propósito? ¿Cuál es la razón específica?

¿Cómo?   — ¿Cómo se logran las cosas? ¿Cómo se hacen efectivamente? ¿Cuál método se usa?

Interpretación

La interpretación, el paso que determina el propósito del autor, busca explicarle a usted el significado del pasaje y ayudarle a entender por qué el Espíritu Santo incluyó esta porción en las Escrituras. La interpretación contesta la pregunta: "¿Qué significa?".

La Biblia es literalmente la Palabra de Dios y lo que dice tiene significado. Sin embargo, frecuentemente hay más de un significado para una palabra. La correcta interpretación depende del establecimiento de la definición que el escritor tuvo en mente.

Un aspecto de la interpretación es la afinidad (el proceso de relacionar el pasaje tomando en cuenta el resto del capítulo, el libro completo y otras porciones de la Escritura). Esto impide que a un pasaje se le dé un significado que el escritor no tuvo la intención de darle. Debido a que la Biblia es la verdad, y toda la verdad está unida, todas las interpretaciones deben ser consistentes y coherentes con el resto de la Biblia.

Una palabra de advertencia: La mente humana no puede entender todo lo que Dios ha revelado. Cuando enseñanzas establecidas en la Escritura parecen contradictorias, ambas verdades deben aceptarse en la confianza de que se armonizarán a sí mismas en una unidad superior. Es difícil entender cómo Jesús pudo ser completamente hombre y completamente Dios. Sin embargo, debe ser aceptado y creído.

Es importante buscar las divisiones del párrafo y considerar cada versículo a la luz de su relación con el pasaje completo. Algunas veces un pasaje debe superponerse a una división de un capítulo. En tal caso pase por alto la división del capítulo.

Aplicación

La aplicación es poner en práctica en su vida la Palabra de Dios, reconociendo el mensaje personal que hay para usted y respondiendo como corresponde. El salmista escribió: "Consideré mis caminos y volví mis pies a tus testimonios. Me apresuré, y no me retardé, a guardar tus mandamientos" (Sal. 119:59, 60).

El beneficio del estudio bíblico no se deriva de los métodos, ni de las técnicas o los esfuerzos diligentes para descifrar el texto. El beneficio está en obedecer la voz del Señor, recibir lo que él dice y ponerlo en práctica. La aplicación no se da por ósmosis o por casualidad; la aplicación es una decisión.

La aplicación comienza con la disposición para aceptar la verdad. Una respuesta correcta de la Escritura se caracteriza por la confianza, la obediencia, la alabanza y la acción de gracias. La aplicación debe incluir recordar una verdad que impresiona, cambiar una actitud equivocada o tomar una acción positiva.

¡Respóndale a Dios, no a un libro de reglas! Las respuestas deben estar motivadas por el amor. La meta es glorificar a Dios agradándolo en cada área de la vida. La falta

de voluntad para aplicar las Escrituras en forma personal inevitablemente conducirá a una dureza espiritual hacia el Señor y hacia la gente.

Las siguientes cinco preguntas pueden ayudarlo a aplicar la Palabra de Dios a su vida:

¿Hay un *pecado* que debo evitar?
¿Hay una *promesa* que debo reclamar?
¿Hay un *ejemplo* que debo seguir?
¿Hay un *mandamiento* que debo obedecer?
¿En qué forma este pasaje aumenta mi *conocimiento* sobre Dios o Jesucristo?

Un ejemplo de cómo seguir los pasos fundamentales

Tome en cuenta cómo estos elementos vitales del estudio bíblico deben ser usados al estudiar la declaración de Pablo a la iglesia de Tesalónica: "...por cuanto nuestro evangelio no llegó a vosotros sólo en palabras, sino también en poder y en el Espíritu Santo, y en plena convicción. Vosotros sabéis de qué manera actuamos entre vosotros a vuestro favor" (1 Tes. 1:5).

Observación:	El evangelio que les predicó Pablo a los tesalonicenses tuvo un efecto mayor que las simples palabras; los tesalonicenses estuvieron conscientes de la clase de vida que Pablo vivía.
Interpretación:	La vida ejemplar de Pablo fue una de las razones por las que el evangelio tuvo poder. El Espíritu Santo le dio poder a las palabras de Pablo y lo capacitó para que viviera esta clase de vida. (*Correlación*: Pablo luego de-

claró que los tesalonicenses sabían de su santidad y de su actuación justa e irreprensible [1 Tesalonicenses 2:10].)

Aplicación: Necesito concentrarme en vivir una vida de santidad. En particular, tengo que corregir mi actitud crítica hacia otros que no reciben en forma positiva e inmediata lo que yo digo.

NOTA

1. Oletta Wald. *The Joy of Discovery* (Minnesota: Bible Banner Press, 1956).

Resumen de la primera unidad

Conozca su meta

1. El propósito del estudio bíblico es glorificar a Dios a medida que usted cambia y se vuelve una persona más como Cristo.

2. Las características del estudio bíblico
   a. Debe ser sistemático y consistente.
   b. Debe ser la Biblia misma su propia fuente de investigación.
   c. Debe haber un registro escrito de sus hallazgos.
   d. Debe ser aplicado personalmente a su vida diaria.
   e. Debe ser "transmisible".

3. A medida que comienza
   a. Tenga una vida limpia.
   b. Ore pidiendo iluminación.
   c. Dependa del Espíritu Santo.
   d. Dispóngase a obedecer.

Su enfoque
1. Creencias fundamentales
    a. La Biblia es literalmente la Palabra de Dios.
    b. La Biblia es el medio por el que Dios le revela la verdad a su pueblo.
    c. La Biblia tiene autoridad.

2. Manténgase en el camino
    Veinticuatro reglas de interpretación tomadas del libro *A Layman's Guide to Interpreting the Bible* de Walt Henrichsen.

Pasos para cambiar su vida
1. Observación
2. Interpretación
3. Aplicación

Tipos de estudios bíblicos

NOTA

En los siete métodos de estudio bíblico descritos en los capítulos seis a doce, se han incluido dos elementos en este libro para ayudarlo a obtener lo mejor de cada uno de estos métodos.

1. En las páginas que siguen a la página 135, al final del libro, hay formularios en blanco para cada uno de los siete métodos. Estas páginas pueden ser fotocopiadas en la medida que lo necesite para su estudio personal cuando use los métodos de estudio bíblico explicados en este libro. Ninguna otra parte de este libro puede ser fotocopiada, ni aun las páginas 135-158 podrán ser fotocopiadas para ningún otro uso que no sea el del estudio personal.

2. Al final de cada capítulo hay un ejemplo de estudio que muestra el método descrito en ese capítulo. El ejemplo muestra cómo puede usar el método de estudio bíblico en un cuaderno limpio, en el que usted escriba su propio encabezamiento para las diferentes secciones de cada estudio.

Capítulo cuatro

Estudios bíblicos para toda la vida

El apóstol Pablo exhortó a Timoteo: "Procura con diligencia presentarte a Dios aprobado, como obrero que no tiene de qué avergonzarse, que traza bien la palabra de verdad" (2 Tim. 2:15). La persona que estudia la Palabra de Dios diligentemente es un obrero que está aprendiendo a manejar la Palabra correctamente y se presenta aprobado delante de Dios. Es llamado obrero porque le toma trabajo estudiar. Muchos cristianos no estudian las Escrituras porque esto involucra trabajo, disciplina y mucho de su precioso tiempo. Pero para aquellos que están dispuestos a hacer un esfuerzo, su estudio valdrá la pena.

El estudio de la Biblia es una parte esencial en la vida cristiana; de hecho, el que quiera ser un discípulo del Señor Jesucristo debe hacer estudios bíblicos personales. El traer cualidades bíblicas a la vida cristiana es algo de trascendencia en el proceso de llegar a ser como Cristo.

Pero hay una gran diferencia entre meramente hacer un estudio bíblico, el cual puede ser monótono y superficial, y estudiar la Biblia de una manera emocionante y que sea capaz de cambiarle la vida. La verdadera meta del estudio bíblico es ver nuestra vida cambiada de una manera que sea más como la de Jesucristo.

Por eso es que el estudio bíblico debe ser un proyecto para toda la vida. En cada etapa del desarrollo espiritual del cristiano, este debe estar comprometido en un estudio que sea aplicable a su vida y la cambie. Para hacer esto, debe comenzar con un método simple de estudio y luego ir hacia uno más avanzado para cambiar el ritmo.

Esta unidad presenta ocho métodos de estudio bíblico que Los Navegantes han usado con éxito por muchos años; entre estos está incluido el bien conocido método: pregunta–respuesta. El desarrollo normal es comenzar con el tipo de estudio bíblico pregunta-respuesta, y luego pasar a los métodos analíticos. A medida que el cristiano madure espiritualmente, el método analítico será su forma de alimentarse de la Palabra de Dios para toda la vida. Los siete métodos que se describen en los capítulos 6 a 12 dan instrucciones específicas de cómo hacer estudios bíblicos analíticos.

El gráfico que aparece en la página 38 muestra la progresión de los métodos de estudio bíblico, aunque estos métodos no necesariamente deben seguirse en secuencia. La figura 1 muestra la relación entre el estudio bíblico y la memorización de versículos bíblicos, y el progreso normal de una persona a través de cada uno. Las cinco etapas son:

> ✦ *Etapa uno:* Aquí el nuevo cristiano o aquel que nunca haya hecho un estudio bíblico comienza con un estudio simple de "pregunta-respuesta". Recomendamos "Seguridad en Cristo" (EMH 13666).

✦ *Etapa dos:* Luego se pasa hacia el "estudio avanzado de pregunta-respuesta", o al "análisis de versículos" (capítulo 6).

✦ *Etapa tres:* El siguiente paso debe ser el "estudio bíblico ABC" (capítulo 7), un capítulo con un enfoque analítico simple que ayuda a establecer hábitos de estudio bíblico. Una opción es *Topical Memory System* (Sistema temático de memorización) que le muestra cómo memorizar y meditar en la Palabra.

✦ *Etapa cuatro:* Esta etapa añade otra opción apropiada para un estudio bíblico: "investigación de las Escrituras" (capítulo 8), un enfoque analítico de los libros de la Biblia. También, los "estudios bíblicos temáticos" (capítulo 11) y el "estudio de personajes bíblicos" (capítulo 12) son opciones sugeridas en esta o en la quinta etapa.

✦ *Etapa cinco:* La última etapa continúa el estudio bíblico analítico para toda la vida con las opciones del "estudio bíblico avanzado ABC" (capítulo 9) o el "análisis exhaustivo" (capítulo 10). Los "estudios bíblicos temáticos" y el "estudio de personajes bíblicos" sirven para cambiar el ritmo.

El apéndice A "Ayudas de estudio" (p. 124) sugiere un programa de nueve años de estudio bíblico analítico combinado con uno temático y otro de personajes. Esto sirve como una excelente guía tanto para su programa de estudio bíblico personal como para grupos pequeños.

Todos los materiales que se mencionan en este capítulo y en el capítulo 5 los publican Editorial Mundo Hispano y NavPress.

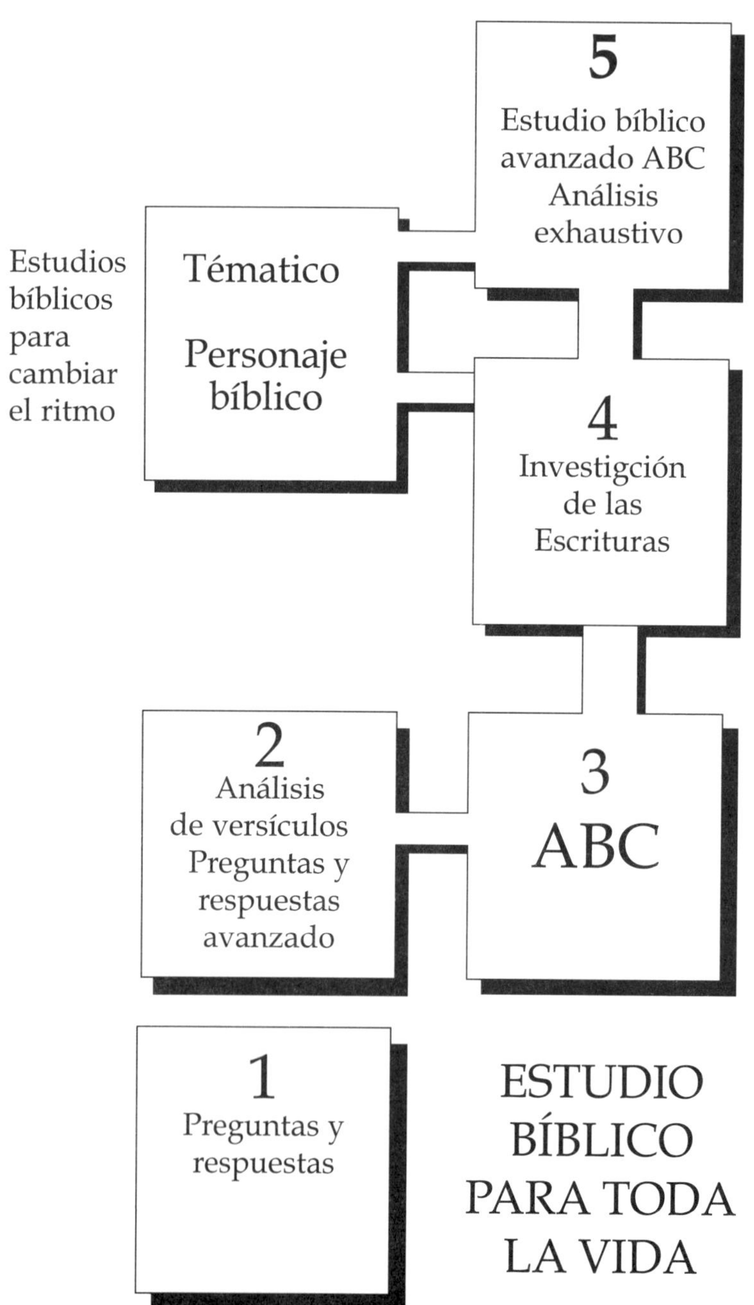
5
Estudio bíblico
avanzado ABC
Análisis
exhaustivo
Estudios
bíblicos
para
cambiar
el ritmo
Tématico
Personaje
bíblico
4
Investigción
de las
Escrituras
2
Análisis
de versículos
Preguntas y
respuestas
avanzado
3
ABC
1
Preguntas y
respuestas
ESTUDIO
BÍBLICO
PARA TODA
LA VIDA

Capítulo cinco

Estudios bíblicos de pregunta-respuesta

Los estudios bíblicos de pregunta-respuesta se encuentran entre los enfoques más difundidos para estudiar las Escrituras, y eso es por una buena razón. El formato "pregunta-respuesta" es fácil de entender, y por eso los estudios bíblicos en esta categoría funcionan muy bien como introducción a las Escrituras para los nuevos creyentes que están creciendo. Ya que tocan diferentes temas a través de la Biblia en un período relativamente corto, estos estudios pueden establecer una base para el entendimiento de enseñanzas bíblicas aun mayores.

El formato pregunta-respuesta puede ser usado en cursos de estudios bíblicos. Miremos primero un curso sencillo, "Seguridad en Cristo" (EMH 13666). Este librito tiene cinco lecciones; cada una comienza con preguntas basadas en los versículos clave o en el pasaje que se presenta, los cuales hay que memorizar. Estos versículos tratan de la seguridad de la salvación que tiene el cristiano, la respuesta a la oración, la victoria sobre el pecado, el perdón y la dirección de Dios. Cada lección también incluye algunas preguntas basadas en diversos versículos esparcidos a través tanto del Antiguo como del Nuevo Testamento.

Siguiendo el mismo formato encontramos el libro "Crecimiento en la vida cristiana" (EMH 13670). Este consta de ocho capítulos que permiten al estudiante examinar algunos principios cruciales de la vida cristiana. Una vez más, el estudiante memoriza y medita en los versículos clave y busca algunos otros para contestar más ampliamente sus preguntas acerca de los temas. Tanto en este como en "Seguridad en Cristo", las lecciones concluyen con una sección para que el estudiante escriba las verdades bíblicas que acaba de aprender como una forma de aplicación a su propia vida. También hay disponible un considerable número de estudios bíblicos de "pregunta-respuesta" avanzados. El formato básico es el mismo: se presentan las preguntas, se proporcionan los pasajes para que los estudiantes investiguen las respuestas y se proveen espacios en blanco en el folleto para escribir las respuestas.

Editorial Mundo Hispano y NavPress publican diferentes cursos que se concentran en darles a los estudiantes un entendimiento más profundo de las verdades y los principios bíblicos del discipulado.

"El diseño del discipulado" incluye siete libros: "La nueva vida en Cristo" (EMH 13656). "La vida cristocéntrica" (EMH 13657). "Caminar con Cristo" (EMH 13658). "El carácter del cristiano" (EMH 13659). "Fundamentos de la fe" (EMH 13660). "Crecer en el discipulado" (EMH 13661). "Nuestra esperanza en Cristo" (EMH 13662). Una de sus características es el uso de preguntas para meditar sobre asuntos bíblicos creadas para provocar la reflexión.

Las tres series de estudios bíblicos se usan mayormente en grupos de discusión pequeños e informales. Los participantes completan la lección en forma individual antes de reunirse en el grupo. El ritmo normal es de un capítulo por semana y se enfatiza en la aplicación.

Los temas estudiados incluyen la autoridad de la Biblia, el servicio, la vida de pureza, el señorío de Cristo, la visión mundial y algunos otros.

Capítulo seis

Cómo hacer un análisis de versículos

El análisis de versículos es un punto de mucho provecho para iniciar estudios bíblicos analíticos. Las instrucciones son simples. Primero, copie el versículo tomándolo de diferentes versiones de la Biblia. Escríbalo bajo el encabezado *"Versículos para estudiar"*. Luego, bajo el encabezado *"Mensaje"*, escriba en sus propias palabras lo que dice el versículo; lo que manda, enseña, advierte o promete. Ahora mire los versículos que están inmediatamente antes y después del versículo escogido para analizar.

A esto se le conoce como el *contexto* del versículo. Bajo el encabezado *"Contexto"*, anote primero las reflexiones que se añadieron luego de haber visto los versículos anteriores a su versículo de estudio. Luego, anote los pensamientos que se añadieron después de leer los versículos subsiguientes.

Anote luego las preguntas que planteen los versículos o los problemas que usted piensa que pueden presentarse tanto para usted como para alguien más. Estas preguntas se pueden anotar bajo el encabezado *"Preguntas"*.

La sección final de su estudio es la *"Aplicación"*. Bajo este encabezado deberá escribir una forma específica en la cual usted puede cambiar de actitud o de actuar debido a la enseñanza de éste versículo.

VERSÍCULO PARA ESTUDIAR: *Filipenses 4:11*

"No lo digo porque tenga escasez, pues he aprendido a contentarme con lo que tengo".

MENSAJE:

Este versículo enseña que Pablo tuvo que aprender a estar contento. El contentamiento no se basa en lo se tenga o no. Las circunstancias son una herramienta en las manos de Dios, no para que yo esté contento, sino para hacerme más como Jesucristo.

CONTEXTO:

Filipenses 4:10. Pablo tenía necesidades en las cuales los filipenses lo ayudaban. Pero es precisamente de estas necesidades de las que Pablo se sentía libre: emocional, espiritual y psicológicamente.

Filipenses 4:12, 13. No es solamente en la escasez que necesitamos estar contentos, sino también en la abundancia. Luego somos totalmente libres sin estar controlados por las circunstancias de la vida y las cosas de este mundo; y somos capaces de sentirnos seguros y de encontrar la felicidad, el gozo, la paz y el contentamiento solamente en Jesucristo. *"Porque él es tu vida y la prolongación de tus días"* (Deut. 30:20). Porque *"en él vivimos, nos movemos y somos"* (Hech. 17:28).

(Ejemplo de análisis de versículos)

PREGUNTAS:

¿Cómo puedo aprender a contentarme?

Si el contentamiento no se basa en lo que tengo o no tengo, ¿en qué se basa?

¿Qué significa exactamente estar contento?

¿Cuáles son algunas pistas para identificar el descontento?

APLICACIÓN:

Estar contento en las cosas desconocidas de la vida, por ejemplo el futuro que nunca podemos ver; saber que solamente necesito a Jesús este día y que siempre puedo conocerlo a él, aunque no conozca el futuro. Ya que las circunstancias son solamente herramientas en las manos de Dios, tengo que darme a mí mismo a esta herramienta para llegar a ser lo que Dios quiere que yo sea. Voy a comenzar un nuevo trabajo la próxima semana, y me siento ansioso de si me va a gustar o no. Pero hoy le daré gracias a Dios por este trabajo, ya que él ha provisto que yo lo tenga, y decido disfrutar mi estancia allí.

(Ejemplo de análisis de versículos)

Capítulo siete

Cómo hacer el estudio bíblico ABC

Hoy, siglos después, el estudio bíblico personal nos permite experimentar el gozo y la alegría en la Palabra de Dios de los que habló Jeremías. "Fueron halladas tus palabras, y yo las comí. Tus palabras fueron para mí el gozo y la alegría de mi corazón; porque yo soy llamado por tu nombre, oh Jehovah Dios de los Ejércitos" (Jer. 15:16).

El plan del estudio bíblico ABC es una de las herramientas fundamentales para efectuar el estudio bíblico analítico; además, le da al Espíritu Santo la oportunidad de hablarle a usted directamente desde las Escrituras. En este formato fundamental de estudio bíblico es mejor no remitirse a comentarios o a otros materiales de referencia. Aprenda a rebuscar la verdad en las Escrituras por usted mismo. Más tarde se podrá remitir a otros materiales de referencia.

Comience
Revise la primera unidad de este manual: *Fundamentos del*

estudio bíblico, y luego escoja un pasaje o capítulo de un libro del Nuevo Testamento para que lo estudie. Antes de que escriba alguna cosa, en oración lea la porción escogida por lo menos tres veces. Deberá leerla primero en silencio, luego en voz alta y por último haciendo una pausa al final de cada versículo para reflexionar en lo que recién leyó.

Es mejor hacer primero el estudio ABC en borrador. Luego póngalo en limpio en forma organizada usando las letras del alfabeto. Las secciones no necesitan seguir el orden que se muestra.

A. Título

Es posible que quiera poner el título después de que haya terminado el estudio. Al escoger un título anote dos o tres que se le vengan a la mente a medida que va estudiando el pasaje. Luego escoja ya sea el mejor de la lista o forme uno haciendo una combinación a su criterio de entre varios que usted mismo ha sugerido. El título debe encajar con el capítulo y ser tan completo como sea posible.

El objetivo es buscar un título que identifique claramente el contenido del pasaje y no uno que simplemente rime o le guste. No deberá exceder de once palabras y podría ser solamente de una o dos palabras.

B. Mejor versículo o pasaje principal

Decida si quiere escoger el mejor versículo o el pasaje principal. Escriba la cita del versículo o versículos bajo la sección con el encabezado correspondiente.

El mejor versículo es la cita que le parezca a usted más sobresaliente mientras lee el capítulo, aunque este no contenga el tema central. El pasaje principal es un versículo o grupo de versículos (no más de tres) que incluye el mensaje central o es la clave del contenido del pasaje.

C. Desafío

A medida que usted trabaja en el pasaje, pídale a Dios que desafíe su corazón en una forma personal a través de alguna porción de las que está estudiando. Su propósito ahora es *aceptar* este desafío y *aplicar* su verdad en una forma definida en su vida. Puede ser algo que Dios quiere que usted haga o que deje de hacer, o una actitud que desarrollar, un hábito que necesita ser formado o roto, si usted necesita incorporar alguna verdad a su forma de pensar.

Bajo el encabezado DESAFÍO, comience anotando el número del versículo o versículos de los cuales está tomando este desafío. Luego determine en *sus propias palabras* la verdad de ese versículo. Luego diga cómo es que este desafío se aplica a usted: qué necesita ser revelado en su vida, cuáles fallas, pecados o descuidos lo indican; o cuál valor o entendimiento se ha abierto hacia usted. Ya que el desafío es personal, al escribir use las palabras: "yo", "a mí", "mi", "mío".

Luego especifique claramente qué planea hacer respecto a esto. Diga cuál acción específica va a ejecutar para corregir su debilidad, para formar la cualidad que necesita en su vida o para incrementar su entendimiento de esta verdad. Escoja algo práctico, algo a lo que le pueda dar seguimiento en la siguiente semana, en lugar de un proyecto a largo plazo. Su próximo estudio bíblico le traerá otro desafío en el que necesitará trabajar.

Estos pasos de acción pueden ser solamente uno o muchos, tales como: escribir una carta, memorizar algún versículo de la Biblia que trate sobre el tema de estudio, orar por una necesidad específica, hacer algo amable, pedirle a alguien disculpas o perdón, o llevar a cabo algún proyecto a corto plazo. Recuerde depender del Espíritu Santo, quien nos capacita a crecer verdaderamente en nuestra vida cristiana.

D. Dificultades

Considere cada versículo de su pasaje de estudio. ¿Habla de algo que usted no puede explicarle a otra persona? Si es así, debajo del encabezado "Dificultades", escriba el número del versículo y la pregunta o el problema que tiene en mente. No diga solamente: "No lo entiendo", o "por favor, explíquenme", sino especifique la dificultad que se le está presentando.

Si la dificultad puede ser aclarada fácilmente (como buscar la palabra en el diccionario), hágalo y apunte la respuesta. Así lo podrá compartir con alguien que haya tenido la misma dificultad.

E. Esencia

En la última sección de su estudio, necesitará *resumir o bosquejar* el pasaje bajo el encabezado ESENCIA. En cualquiera de los dos casos, debe anotar solamente lo que el pasaje *dice,* no lo que *significa.* En lugar de hacer una interpretación, simplemente ponga en sus propias palabras lo que dice realmente la Escritura.

El *resumen* es una condensación del pasaje. Deberá resumir todas las partes del pasaje por igual, no dándole mucho espacio a una parte y menospreciando otra. Una forma de hacer esto es escribir una oración en borrador para cada pensamiento sucesivo en el pasaje; use sus propias palabras. Luego condense el resumen en unas pocas palabras, combinando las oraciones y acortándolas. Debe tratar de tener un promedio de dos a ocho palabras por versículo.

En un *bosquejo* se divide el pasaje en párrafos naturales y se le da un breve título o encabezado a cada sección. Escriba los versículos incluidos en cada sección (ver el ejemplo que se encuentra a continuación). Haga una lista de cada subtítulo que se derive de los títulos o encabezados principales a medida que necesite definir el contenido. Como en el resumen, incluya todas las partes del pasaje en forma proporcionada. Un bosquejo debe lucir así:

I. Encabezado principal o título de la división (1:1-8)
    A. Subtítulo (vv. 1-3)
    B. Subtítulo (vv. 4-8)
II. Encabezado principal o título de la división (1:9-21)
    A. Subtítulo (vv. 9, 10)
    B. Subtítulo (vv. 11-16)
        1. Subtítulo menor (vv. 11-13)
        2. Subtítulo menor (vv. 14-16)
    C. Subtítulo (vv. 17-21)

Una palabra final

Una vez más, su estudio bíblico ABC deberá incluir las siguientes partes:

A. TÍTULO
B. MEJOR VERSÍCULO O MEJOR PASAJE
C. DESAFÍO
D. DIFICULTADES
E. ESENCIA

LIBRO: Colosenses **PASAJE DE ESTUDIO:** 3:1-11

A. TÍTULO:

La nueva vida del cristiano

B. MEJOR VERSÍCULO: Colosenses 3:3

C. DESAFÍO:

VERSÍCULO DE DESAFÍO: Colosenses 3:2

VERDAD DEL DESAFÍO: Mi mente ha de estar ocupada con pensamientos y deseos divinos, y no desear lo que este mundo ofrece.

APLICACIONES PERSONALES DEL DESAFÍO: Es fácil pensar que ante los ojos del mundo debo tener ciertas cosas o vivir de cierta manera para ser feliz. La propaganda del mundo parece que me alcanza. Por eso me pongo ansioso cuando no logro tener estas cosas. Este versículo me recuerda la necesidad de ocupar mi mente en los valores de Dios. Esto sucederá a medida que mi mente se llene con su Palabra. Tengo que desarrollar el hábito de meditar en las Escrituras. Esta semana tomaré un versículo que he memorizado y me concentraré en usarlo para meditar en él toda la semana.

Usaré 1 Corintios 15:58

(Ejemplo de estudio bíblico ABC)

D. DIFICULTADES:

Versículo	Dificultades
1	¿Cómo es que el cristiano ha sido manifestado con Cristo? ¿Cuáles son las "cosas de arriba" que debo buscar?
2	¿Cómo "ocupo" mi mente?
5	¿Cómo "mato" mi naturaleza terrenal?
10	¿Por qué necesito tener "un conocimiento renovado" en mi nueva naturaleza?

E. ESENCIA:

La nueva vida del cristiano (Colosenses 3:1-11)

I. Cristo como centro (1-4)

  A. Manifestado con Cristo

    1. Buscando las cosas de arriba (1)

    2. Ocupando la mente en las cosas de arriba (2)

  B. Comparecer con Cristo

    1. Yo he muerto —mi vida está escondida con Cristo (3)

    2. Seré manifestado con Cristo (4)

II. Contraste entre lo viejo y lo nuevo (5-11)

  A. Viejo

    1. El viejo carácter —hacerlo morir (5, 6)

    2. Las viejas prácticas —hacerlas a un lado (7-9)

(Ejemplo de estudio bíblico ABC)

B. Nuevo

   1. Renovados – a la imagen de Dios (10)

   2. No hay parcialidad en Cristo (11)

(Ejemplo de estudio bíblico ABC)

Capítulo ocho

Cómo hacer una investigación de las Escrituras

La gente de Berea fue elogiada por recibir el mensaje de Pablo "ávidamente" y por la forma en que lo hacían: "...escudriñando cada día las Escrituras para verificar si estas cosas eran así" (Hech. 17:11).

La palabra *escudriñar* implica que hicieron una *investigación* muy detallada o una inspección profunda, indicando con esto que los bereanos tomaron tiempo para considerar cuidadosa y atentamente el contenido y el sentido de la Palabra escrita de Dios. Buscaron la sabiduría de Dios como un tesoro escondido, así como exhortó Salomón que se hiciera muchos siglos antes (Prov. 2:4).

Cuando usted estudia la Palabra de Dios con diligencia y "avidez", el resultado siempre vale el esfuerzo.

El beneficio personal viene al efectuar su propio estudio antes de referirse a textos auxiliares de estudios como son las notas o los comentarios de otros. Cuando usted mismo lo descubre es mucho más emocionante y de más valor que hacerlo a través de los escritos de hombres de Dios, aunque esto último sea más erudito.

La investigación de las Escrituras es un plan flexible designado para llenar las necesidades de personas con diferentes habilidades y diferente disponibilidad de tiempo para estudiarlas.

Inicio

Revise la primera unidad en este manual y luego escoja una porción para estudiarla. Debe usar la cuarta parte del estudio de "investigación de las Escrituras" ya sea en un capítulo completo de la Biblia, una parte de un capítulo, un párrafo o un solo versículo. Cada sección en este plan representa una manera diferente de considerar el pasaje a estudiar.

Si decide estudiar un libro capítulo por capítulo, será beneficioso echar un vistazo previo del libro y al final hacer un resumen. Hay instrucciones de cómo hacer ambos en las páginas 60-62.

Haga el estudio primero en borrador, y luego organícelo usando los siguientes encabezados.

Pasaje básico

Esta parte del estudio hace la pregunta: ¿Qué dice este pasaje? Al estudiar las Escrituras es importante que lea cuidadosamente lo que *está escrito*. Esa es la *observación* esencial del estudio bíblico (p. 25-27). Note primero el contenido real del pasaje en lugar de tratar de interpretar su significado. En esta sección de su estudio, deberá *resumir o bosquejar* lo que dice el texto realmente.

Primero, lea el pasaje varias veces teniendo en mente metas definidas. En la primera lectura trate de captar las ideas principales del pasaje; esto le permitirá dividir el pasaje en pequeñas unidades con sentido completo. Luego lea otra vez cada unidad para obtener más detalles acerca de la idea principal de esa sección.

Si después de la lectura decide escribir un *resumen*, escriba, si le es posible, una oración para cada idea que tenga del pasaje que se estudia; hágalo *en sus propias palabras*. Ahora, lea su propio resumen para tratar de encontrar si ha incluido todas las partes del pasaje en forma balanceada, sin darle más espacio a una que a otra. Repase su resumen y redúzcalo hasta que el contenido del pasaje sea breve y claramente determinado en sus propias palabras. Un buen resumen tendrá un promedio de dos a ocho palabras por versículo. El propósito de reducir y reescribir su resumen es ayudarlo a usted a tener un mejor entendimiento del contenido del capítulo o del pasaje.

Si prefiere escribir un *bosquejo*, lea la porción de la Escritura con mucho cuidado como si estuviera haciendo un resumen. Luego divida el pasaje, ya sea usando las divisiones naturales o los párrafos y dele a cada parte un título corto o encabezado. Escriba los números de los versículos de cada sección al final del encabezado. Enumere tantos subtítulos bajo cada encabezado como necesite para que el bosquejo quede lo más claro posible. No haga ninguna parte del pasaje más grande que la otra e incluya todos los puntos importantes. Los encabezados principales deben ser todos similares en su forma; los subtítulos pueden variar, pero cada uno debe tener relación con el punto principal bajo el que están.

Pasajes paralelos

Esta sección hace la pregunta: "¿Qué dice otra parte de la Escritura acerca de este punto?". El mejor comentario de la Biblia es la Biblia misma. Usted irá entendiendo un pasaje de la Escritura a medida que permita que otros pasajes arrojen luz sobre el que está estudiando. Una buena práctica es comparar pensamientos e ideas que se han deducido de una porción de las Escrituras con lo que se dice en otras. Esto ensancha su perspectiva en cada tema.

Lea cada versículo cuidadosamente, luego medite en él y trate de recordar una o más referencias cruzadas en relación con este pasaje en particular. Esto debe hacerse en versículos que ha memorizado o en pasajes conocidos. Si le falla la memoria para dirigirse a una referencia cruzada apropiada, entonces use la concordancia (vea la página 126) o las notas al margen que se encuentran en su Biblia. Es importante que trate de usar referencias cruzadas del pensamiento del versículo en lugar de hacerlo de versículos seleccionados porque usan una palabra idéntica. Escoja pasajes que apoyen el pensamiento añadiéndole información, dando un ejemplo o mostrando un punto de vista diferente.

En esta sección use los subtítulos: REFERENCIA y PENSAMIENTO CLAVE. Escriba la referencia del pasaje paralelo y el pensamiento clave o la idea que conecta el pasaje paralelo con el versículo al que le está haciendo una referencia cruzada. Esto le dará la capacidad de referirse rápidamente a todos los pasajes paralelos.

No es necesario hacer referencias cruzadas de todos los versículos del capítulo; trate de obtener referencias cruzadas de los versículos sobresalientes.

Problemas del pasaje

Esta sección hace la pregunta: "¿Qué dice esto que no entiendo?". Esta vez lea el pasaje despacio tratando de ver si usted puede explicar cada cosa y responder cualquier pregunta que pueda recibir al respecto. Si se le presentan preguntas o problemas, escríbalos. Escriba el número del versículo antes de cada pregunta y especifique el problema clara y brevemente. Mencione específicamente qué es lo que no entiende; no mencione la referencia y añada simplemente: "No lo entiendo" o "Por favor, explique".

Puede encontrar problemas en su porción de estudio que usted pueda contestar pero que posiblemente no sea tan claro para una persona más joven o con menos entendimiento espiritual. Luego que haya enlistado los problemas que usted no puede contestar completamente, haga una lista de esos posibles problemas y márquelos como tales.

Beneficio del pasaje

Esta sección final hace la pregunta: "¿Qué me dice a mí?". Aplicar las Escrituras a la vida diaria es el resultado más importante del estudio bíblico. Le provee de maneras prácticas de glorificar al Señor en su vida diaria y es un gran paso para producir más fruto. Santiago dice que no nos engañemos a nosotros mismos oyendo la palabra y no actuando (Stg. 1:22).

Su beneficio debe extraerse de un versículo o de *un* grupo de versículos que conciernen a un pensamiento en particular. Lo beneficiará más desarrollar una aplicación seria y específica que meramente mencionar diferentes desafíos. Indique el número del versículo al principio de lo que escribe.

Escriba la aplicación ya sea en relación con Dios o con otros. En otras palabras, la aplicación debe dar como resultado su propio enriquecimiento espiritual, ya sea profundizando su devoción al Señor o mejorando su relación con hermanos en la fe o con personas ajenas a Cristo. Debe extraer su aplicación de una promesa, un mandamiento o de alguna verdad que hable a su corazón mientras considera en oración la porción de estudio.

Cuando escriba, use las palabras: "yo", "mi", "a mí" y "mío". Su aplicación debe ser *práctica* y debe ser concerniente a una verdad que pueda usarse en el diario vivir. Especifíquela en forma lo suficientemente clara como para que pueda ser entendida por cualquiera a quien le pida que la lea.

El beneficio debe escribirse en tres partes:

1. Especifique *en sus propias palabras* la verdad del versículo del cual está extrayendo la aplicación; esto es lo que las Escrituras enseñan que usted debe ser, pensar o hacer.

2. Indique cómo se aplica esto a usted; qué es necesario traer a su vida, qué le hace falta y qué apreciación o entendimiento le da.

3. Escriba lo que intenta hacer respecto a esto; qué determinada acción tomará para corregir la debilidad, edificar una cualidad que es necesaria en su vida o fortalecer su entendimiento. Esta acción concreta puede ser memorizar un versículo en relación con el tema, hacer un estudio bíblico sobre el mismo u orar sobre una necesidad. Puede ser escribir una carta pidiendo disculpas, corregir algo que haya hecho en forma equivocada o hacer algo amable. Ante cualquier acción que necesite hacer, sea lo más específico posible en cuanto a lo que intenta hacer y luego tome las medidas necesarias para llevarla a cabo. Es buena idea proveerse de algo que le sirva de recordatorio para asegurarse de que le ha dado seguimiento a sus acciones.

Para que sus aplicaciones sean más efectivas, compártalas con uno o más amigos para obtener apoyo en oración y ánimo.

Si decide estudiar un libro entero usando el plan de "investigación de las Escrituras", siga el procedimiento completo, como ha sido explicado anteriormente, en cada capítulo y complételo antes de continuar con el siguiente capítulo.

Vistazo previo y resumen del libro

Una opción para un estudio minucioso de un libro entero de la Biblia, y que es de mucha ayuda, es darle un vistazo previo la primera semana de estudio y hacer un resumen la última semana, después de que haya pasado capítulo por capítulo.

Vistazo previo del libro. Aquí hay cuatro pasos a seguir en el vistazo del libro:

1. Lea todo el libro de una vez.
2. Obtenga información del transfondo del libro; use las notas y los mapas que están en su Biblia o en un manual de estudio bíblico (vea la página 125). Si es necesario consulte un diccionario confiable o una enciclopedia. Busque la siguiente información:
   a. ¿Quién escribió el libro?
   b. ¿Dónde y cuándo fue escrito?
   c. ¿A quién fue dirigido?
   d. ¿Por qué fue escrito? ¿Cuál fue el problema que se intentaba resolver o cuál es la enseñanza principal que da?
   e. ¿Cuál información de los Evangelios o del libro de Hechos (si hay alguna) se da en este libro o de su escritor? (Una concordancia lo ayudará a trazar referencias del escritor o de los lugares involucrados.)
3. Lea el libro de nuevo y enumere uno o más de

los temas principales del libro. Trate de descubrir estos por sí mismo antes de consultarlo en fuentes externas.
4. Escriba breves aplicaciones personales de algunas porciones del libro.

Resumen del libro. Siga los siguientes siete pasos para hacer el resumen del libro:

1. Revise el vistazo previo.
2. Lea de nuevo todo el libro una o dos veces. Hágalo rápidamente y trate de sacar el máximo provecho de todo el libro.
3. Bosqueje o resuma el libro completo usando la sección "Pasaje básico" de cada uno de los capítulos como guía.
4. Enumere los "beneficios del pasaje" de cada capítulo usando un breve título que sea descriptivo o un resumen de dos líneas.
5. Lea el libro otra vez y remítase a su resumen o bosquejo (punto número 3) mientras lee.
6. Escríbale un título al libro. Trate de que este identifique el contenido del libro.
7. Enumere las lecciones principales y los desafíos que ha recibido a través del libro. Invierta un poco de tiempo revisando y orando sobre estos desafíos y escriba cualquier información más específica que deba tomar en cuenta durante la semana.

Resumen

Una vez más: los encabezados que debe incluir en el estudio "investigación de las Escrituras" son:

PASAJE BÁSICO (resumen o bosquejo)
PASAJES PARALELOS (referencias cruzadas)
PROBLEMAS DEL PASAJE (preguntas)
BENEFICIOS DEL PASAJE (aplicaciones)

Su estudio también debe incluir un vistazo previo y un resumen del libro.

Investigación de las Escrituras en grupo
Cuando el estudio "Investigación de las Escrituras" se hace en un grupo que incluye gente de diferentes trasfondos y variados niveles de madurez espiritual y tiempo de estudio, es mejor ir un capítulo a la vez a través del libro de la Biblia que se ha escogido. Algunos podrán estudiar el capítulo completo de acuerdo con el plan de "Investigación de las Escrituras"; otros con menos tiempo para estudiar o menos experiencia en estudios bíblicos personales pueden usar el método "Investigación de las Escrituras" en la porción del capítulo que consideren más importante. Esta porción puede constar de algunos versículos, la mitad del capítulo o inclusive un poco más. Otra alternativa es que el grupo decida hacer el estudio sobre un versículo clave o una porción previamente escogida del pasaje.

Al tener el grupo esta flexibilidad en su plan de estudio, ninguno llegará a la reunión sin algo del trabajo hecho. Es *muy importante* que los que estén siguiendo el estudio "Investigación de las Escrituras" estén preparados antes de cada reunión, ya sea en todo el capítulo, en un grupo de versículos o en un versículo clave. Un progreso constante de esta clase formará hábitos que le permitirán a un estudiante serio finalizar un capítulo entero cada vez.

PASAJE DE ESTUDIO: *1 Juan 3:11-24 (14 versículos)*
PASAJE BÁSICO:

Hemos sido enseñados a amarnos los unos a los otros. Esa es una de las formas en las que podemos decir que tenemos vida eterna, o sea, si nuestras acciones son hechas con amor y justamente. Por supuesto, el mundo nos odiará; ¡por eso fue que Caín mató a Abel!

Amor es que Jesús murió por nosotros. Él es nuestro ejemplo. Este amor demanda acción de nuestra parte; un buen ejemplo es llenar las necesidades de nuestros hermanos. Este amor no se muestra solamente con palabras.

Las acciones de amor nos permitirán tener paz mental y una conciencia clara; y una conciencia clara nos permite tener confianza en Dios. Esta confianza nos garantiza que estamos en la voluntad de Dios y que nuestras oraciones serán contestadas.

El Espíritu Santo nos recuerda la presencia de Dios en medio de nosotros si persistimos en tener fe en Jesús y amar a los demás.

PASAJES PARALELOS:

vv.	Referencia	Pensamiento clave
11	Juan 13:34, 35	Se nos manda a amar.

(Ejemplo de investigación de las Escrituras)

13	Juan 15:19	El mundo odia a los cristianos.
14	Juan 13:35	El amor es la prueba de que se tiene una vida nueva.
15	Mateo 5:22	El odio o la ira hacia un hermano es tan malo como matar.
16	1 Tesalonicenses 2:8	Dar nuestra vida por los hermanos.
17	Santiago 2:15, 16	Debemos llenar las necesidades físicas de nuestros hermanos.
22	Hebreos 13:21	Nuestra vida debe ser agradable a los ojos de Dios.
23	Juan 6:29	Se nos manda que creamos en Jesús.
24	Romanos 8:8	El Espíritu Santo es la prueba de la presencia de Dios.

PROBLEMAS DEL PASAJE:

vv.	Pregunta
13	¿Por qué el mundo nos odia?
18	¿Podemos también verdaderamente expresar el amor con nuestro hablar?
20	¿Qué significa que nuestro corazón nos reprende? ¿Cuándo es que nuestro corazón nos reprende?
22	¿Cómo puedo realmente determinar lo que es agradable a los ojos de Dios?

(Ejemplo de investigación de las Escrituras)

BENEFICIOS DEL PASAJE:

Los versículos 18 y 19 dicen que nuestra confianza y seguridad dependen de nuestra obediencia al mandamiento de Dios de amar a los demás de hecho y de verdad. Mis muchos momentos de ansiedad y dudas son, por eso, directamente fáciles de trazar por mi falta de dar y hacer.

Intento, durante la semana próxima, dedicarles una tarde entera a mis niños para que ellos hagan "sus cosas", y una noche a mi esposa para llevarla a su restaurante favorito.

(Ejemplo de investigación de las Escrituras)

Capítulo nueve

Cómo hacer el estudio bíblico avanzado ABC

El plan "Estudio avanzado de la Biblia" le permite a usted desarrollar el mismo método de estudio que se introdujo en el plan "Investigación de las Escrituras" y en el del "Estudio bíblico ABC". Además le permite cristalizar lo que ha aprendido especificando la verdad central en su pasaje de estudio. Use el "Método avanzado ABC" para estudiar un libro entero, capítulo por capítulo.

Inicio

Revise la primera unidad de este manual: *Fundamentos del estudio bíblico*, y luego seleccione un libro del Antiguo Testamento para hacer el "Estudio avanzado ABC". (Algunos libros del Antiguo Testamento como Jonás, Nehemías o Rut se prestan más para este método de estudio; sin embargo, estúdielos solamente después de haber usado el "Estudio avanzado ABC" durante el tiempo suficiente de manera que se sienta cómodo trabajando con él.)

Un capítulo a la semana es un buen paso para la mayoría de la gente. Sin embargo, si un capítulo es especialmente largo deberá decidir si dividirlo en dos estudios o no.

Cuando inicie su estudio, pídale al Espíritu Santo que lo guíe y lo ilumine. Acérquese a la Biblia con una oración como la del salmista: "Abre mis ojos, y miraré las maravillas de tu ley" (Sal. 119:18). Hay una nueva experiencia en la Palabra de Dios que lo está esperando.

Para obtener el mayor beneficio de su estudio, deberá hacer un esbozo del libro la primera semana y un resumen al final de su estudio capítulo por capítulo. Encontrará instrucciones de cómo hacer esto en las páginas 74-76.

Debe leer el capítulo lentamente y en actitud de oración por lo menos una vez al inicio del estudio, luego por lo menos una vez más en voz alta, y mínimo una vez más haciendo pausas al final de cada versículo para que reflexione en lo que ha leído. (Es mejor si anota el número de veces que ha leído el capítulo en cada uno de los estilos.) Una vez que termine cada parte del estudio trabaje a través del capítulo una vez más.

El "Estudio bíblico avanzado ABC" tiene siete partes. Cualquiera de las secciones PASAJE BÁSICO, REFERENCIA CRUZADA o DIFICULTADES puede ser un buen punto para iniciar el estudio. Puede titularlo: ESTUDIO FINAL, VERDAD CENTRAL o APLICACIÓN, luego de haber "peinado" todo el capítulo versículo por versículo.

Si se da cuenta de que está gastando mucho tiempo en una sola sección, como por ejemplo REFERENCIAS CRUZADAS, sería buena idea que calculara determinado tiempo por cada sección, y de esa manera hacer algún trabajo en cada parte del estudio antes de que se le vaya todo el tiempo. (Debe llevar algún registro del tiempo aproximado que gasta para hacer el estudio. Escriba el dato en algún lugar de su último estudio.)

Mientras trabaja en una sección de su estudio es posible que se le presente un buen versículo o tal vez una idea concerniente a otra sección. No lo pierda, sino anótelo rápidamente en alguna parte y vaya de nuevo a la sección en la que está trabajando.

Es mejor que primero haga el estudio en borrador. Luego organícelo en limpio en un formato final.

Elabore un título que encaje

Al escoger su título, anote rápidamente en una hoja por separado dos o tres títulos que se le vengan a la mente mientras estudia; luego escoja ya sea el mejor de la lista o forme uno nuevo combinando los que tiene. El título debe encajar con el contenido del capítulo tanto como sea posible.

Su objetivo es buscar un título que identifique claramente el contenido del capítulo, no uno que suene bonito. No debe exceder de once palabras, pero podría ser de dos o tres palabras únicamente. Es posible que usted quiera escoger su título final después de que haya completado las diferentes partes del estudio.

A. Aplicación

Aplique la Palabra de Dios a su vida. Jesús les dijo a sus discípulos: "Si sabéis estas cosas, bienaventurados sois si las hacéis" (Juan 13:17). Es cuando ponemos en práctica lo que aprendemos de la Palabra de Dios que la actitud de nuestra mente se renueva (ver Ef. 4:23) y se transforma a la manera de Dios, en lugar de que se conforme a los modelos de este mundo (ver Rom. 12:2).

Su aplicación deberá detallar algunas formas prácticas en las que usted puede glorificar a Dios al tiempo que obedece su Palabra. Debe expresar algo que Dios quiere que hagamos o dejemos de hacer, algún hábito que debe formar o debe romper, o simplemente hacer conciencia sobre alguna verdad que necesita ser incorporada en su forma de pensar.

Escoja su aplicación ya sea en relación con Dios o *en relación con otros*. En relación con Dios, esa aplicación puede ser un reconocimiento de alguna gran verdad que profundiza su devoción a él, que le dirige hacia una corrección necesaria en cierta actitud o fortalece y mejora su compañerismo con él. Puede involucrar también un compromiso u orden que afecta su relación con él. Si su aplicación es en relación con otros, deberá ser enfocada hacia un mejoramiento en su relación con sus compañeros cristianos o con aquellos que no conocen a Jesucristo. El tipo de aplicación que hará, por lo general se relaciona con su proyección y servicio al Señor.

Comience con el número del versículo (o versículos) del cual está tomando su aplicación. Luego declare *en sus propias palabras* la verdad de ese versículo. Use las palabras: "yo", "mi", "a mí" y "mío" para hacer suya esta aplicación. Diga cómo esa verdad se aplica a usted: qué le revela a su vida, qué le falta, cuáles transgresiones o negligencias indica o qué nueva apreciación o entendimiento se abre para usted. Si es posible, mencione un incidente en su vida que ilustre esa falla o necesidad.

Luego indique claramente qué planea hacer respecto a esto. Especifique cuáles acciones llevará a cabo para corregir esta debilidad, formar esa cualidad que es necesaria en su vida o para incrementar su entendimiento de esta verdad. Escoja algo práctico que pueda hacer dentro de la siguiente semana en lugar de un proyecto a largo plazo. Su próximo estudio bíblico le traerá una nueva aplicación en la cual trabajar.

Los pasos a dar en una aplicación pueden ser unos

entre muchos, tal como escribir una carta, memorizar un versículo o porción de la Biblia sobre ese tema, orar por una necesidad específica, hacer algo amable, dar una disculpa o pedir perdón, o tomar pasos hacia la formación o rompimiento de un hábito. Deberá revisar el plan para recordar el cumplimiento de su aplicación. Recuerde que en cada paso que tome para su crecimiento en la vida cristiana, deberá depender del Espíritu Santo.

B. Pasaje básico

En esta parte de su estudio, seleccione el versículo o los versículos (no más de tres) que contienen el tema dominante del capítulo (la verdad alrededor de la cual se centra el capítulo). Luego de leer el capítulo, comience con el versículo uno y considere si este puede ser el pasaje básico. Continúe a través del capítulo, versículo por versículo, en busca del pasaje básico. Es posible que termine teniendo varias posibilidades. Al final elimine las posibilidades sobrantes.

En algunos capítulos puede ser imposible seleccionar un versículo o pasaje clave, como sucede en los capítulos que contienen varias parábolas o historias completas. En este caso puede escoger un versículo clave para cada sección, indicando primero la sección y luego enumerando el pasaje básico para esa sección.

C. Referencias cruzadas

En la mayoría de los temas de la Biblia, la enseñanza no se encuentra completa en un solo capítulo. Por eso, es de mucha ayuda comparar una porción de las Escrituras con otra que contenga el mismo tema, para obtener el mejor comentario dentro de la Biblia misma. Entenderá mucho mejor una porción de las Escrituras a medida que permita que otros pasajes le arrojen luz, y así expandirá su conocimiento y perspectiva en el tema asignado.

Considere cada versículo o pasaje cuidadosamente, medite en él, y luego trate de recordar una buena referencia cruzada para esa sección en particular. Esta debe ser extraída de versículos que haya memorizado o de capítulos que le sean familiares. Si no le viene ninguno a la mente, use una concordancia o las referencias al margen de su Biblia, seleccione una referencia cruzada que tenga la misma idea o tema en lugar de una que meramente use palabras idénticas. Escoja una referencia cruzada que apoye el tema ya sea añadiéndole información, dando un ejemplo o revelando un punto de vista diferente.

Bajo los subtítulos VERSÍCULO, REFERENCIA CRUZADA y PENSAMIENTO CLAVE, escriba los números de los versículos del capítulo que ha estado estudiando con el que se relaciona la referencia cruzada, y dos o tres palabras con el pensamiento central que conecten los dos versículos.

D. Dificultades

Las dificultades y los problemas surgirán a medida que progrese en el capítulo. Constantemente pregúntese: ¿Habla este versículo de alguna cosa que yo no podría explicarle a otra persona? Si es así, anote el número del versículo y la pregunta o dificultad que surgió. No diga meramente: "No lo entiendo" o "Explique, por favor", sino enuncie su pregunta claramente. Esto liberará su mente para efectuar una investigación más detallada del capítulo.

Hacia el final del estudio, es posible que usted quiera mirar la sección de DIFICULTADES y contestar algunos de los problemas que podrían resolverse en su investigación (esto es posible hacerlo consultando un diccionario bíblico o un manual bíblico). Cuando encuentre una respuesta, anótela. Así usted podrá explicarle a alguien más que pudiera tener una pregunta similar.

E. Verdad central

La sección VERDAD CENTRAL es un tema en miniatura o un estudio doctrinal dentro del capítulo. Podría ser la enseñanza principal del capítulo, pero podría centrarse en una pequeña porción o en un versículo. Su pasaje básico será a menudo el fundamento para la verdad eminente.

Escoja la verdad central preguntándose a usted mismo: "¿Es esta la verdad *principal* o el principio espiritual que el Espíritu Santo enseña en este capítulo?". Primero, especifique la verdad, luego desarrolle varios puntos extraídos del resto del capítulo. A medida que sea posible, documente sus declaraciones con versículos específicos que estén dentro del capítulo. También puede extraer de otras partes de la Biblia para desarrollar la verdad central.

F. Estudio final

En esta sección de su estudio, podrá resumir o bosquejar el capítulo. En cualquiera de los casos, apuntará solamente lo que dice el capítulo, *no lo que quiere decir*; use el principio de *observación* (páginas 25-27) en lugar del de *interpretación*. Esto lo capacitará para poner el verdadero contenido del capítulo en sus propias palabras.

Para hacer un *resumen*, escriba una breve sinopsis del capítulo. Asegúrese de incluir todas las partes del capítulo sin darle demasiado espacio a una parte en detrimento de otra. Escriba una oración para cada pensamiento sucesivo del capítulo; hágalo en sus propias palabras. Luego acorte el resumen en unas pocas palabras combinando las oraciones y repitiéndolas de manera concisa. Su objetivo debe ser un promedio de dos a ocho palabras por versículo.

Para hacer un *bosquejo*, divida el capítulo en sus secciones naturales o en párrafos y deles un título corto o encabezado a cada uno. Además del título, anote el número del versículo de cada sección. Luego, bajo cada encabezado principal enumere tantos puntos secundarios como necesite, para indicar el contenido en pocas palabras. Al igual que en el resumen, incluya todas las partes del capítulo en forma proporcionada. Un bosquejo debe lucir así:

I. Encabezado principal o título de esta división (1:1-8)
   A. Subpunto (vv. 1-3)
   B. Subpunto (vv. 4-8)
II. Encabezado principal o título de esta división (1:9-21)
   A. Subpunto (vv. 9, 10)
   B. Subpunto (vv. 11-16)
      1. Sub-subpunto (vv. 11-13)
      2. Sub-subpunto (vv. 14-16)
   C. Subpunto (vv. 17-21)
III. Encabezado principal o título de esta división (1:22-25)

Como alternativa, es posible que usted quiera combinar un resumen y un bosquejo. Para hacer esto busque las divisiones principales del capítulo y trabájelas como si fuera un bosquejo; indique cuáles versículos encontró en cada división. Luego resuma en un pequeño párrafo el contenido de cada división bajo el encabezado principal.

Esbozo del libro y resumen del libro
Como una opción para hacer un estudio más profundo, es de mucha ayuda hacer un esbozo del libro durante la primera semana de estudio y un resumen la última semana, después de haber pasado por el libro capítulo por capítulo.

Esbozo del libro. He aquí siete pasos a seguir en la elaboración del esbozo de un libro:

1. Lea el libro por completo de una a tres veces (si es posible, de una sola vez).
2. Haga un bosquejo tentativo del libro para ver la estructura. Obviamente el libro puede dividirse en secciones que usted pueda identificar si el título es pertinente al contenido. Una Biblia de estudio o un manual bíblico lo puede ayudar a darle forma a su tentativa de bosquejar el libro.
3. Resuma el transfondo histórico del libro. Para hacer esto debe usar un diccionario bíblico digno de confianza o una enciclopedia, un manual bíblico o una Biblia de estudio. Anote rápidamente quién escribió el libro y a quién se lo escribió. También anote cuándo y dónde fue escrito y con qué propósito.
4. Enumere los temas principales y destáquelos en el libro. Trate de descubrirlos por sí mismo antes de consultar un libro de referencia. Sin embargo, si tiene dificultad para decidir entre los temas principales y los destacados, búsquelos en las ayudas externas.

5. Enumere cualquier palabra clave que encuentre en el libro y cualquier palabra que se repita a menudo.
6. ¿Tiene el libro un versículo clave o que resuma la idea principal? Si es así, anótelo.
7. Lea el libro de nuevo (de una sola vez si es posible), y escriba una breve aplicación personal de alguna porción del libro.

Resumen del libro. Siga los siguientes nueve pasos al hacer el resumen del libro:

1. Revise el esbozo del libro que elaboró.
2. Vuelva a leer el libro de una a tres veces. Hágalo rápido y trate de extraer el panorama completo del libro.
3. Enumere los títulos de los capítulos y revíselos si fuere necesario.
4. Bosqueje o resuma el libro completo; use los resúmenes de los capítulos o los bosquejos como guías.
5. Enumere las verdades eminentes y haga un resumen de una o dos líneas para cada una de ellas. Enumere los versículos básicos. Si hay una verdad central de todo el libro que sobresalga, escriba una breve declaración sobre ella.
6. Enumere sus aplicaciones; para eso, use ya sea un título corto y descriptivo o un resumen de dos líneas para cada uno.
7. Lea el libro otra vez remitiéndose a los títulos de los capítulos y a su bosquejo o resumen (puntos 3 y 4 previos) mientras lee.
8. Titule el libro. Trate de que este título se identifique con el contenido del libro.

9. Enumere las lecciones principales y los desafíos que usted ha recibido del libro.

Resumen

Una vez más, su "Estudio bíblico avanzado ABC" debe incluir los siguientes encabezados:

A. TÍTULO
B. APLICACIÓN
C. PASAJE BÁSICO
D. REFERENCIAS CRUZADAS
E. DIFICULTADES
F. VERDAD CENTRAL
G. ESTUDIO FINAL (resumen o bosquejo)

Su estudio puede incluir un esbozo del libro y un resumen del libro.

Disfrute su "Estudio bíblico avanzado ABC". A medida que continúe con este método de análisis de capítulos, irá formando una biblioteca personal de estudio bíblico, que será una referencia invaluable tanto para su propia revisión como para poder ayudar a otros.

Si es posible, busque a otros que realicen el estudio bíblico con usted. Un grupo de dos a ocho personas que hacen el mismo estudio y se reúnen juntos para compartir y discutir sus descubrimientos puede ser gratamente enriquecedor.

LIBRO: *Filipenses*   **PASAJE DE ESTUDIO:** *Capítulo 1*

LÉALO DESPACIO: *dos veces*

LÉALO EN VOZ ALTA: *tres veces*

MEDITE VERSÍCULO POR VERSÍCULO: *una vez*

LÉALO OTRAS VECES: *veinte veces*

TIEMPO DE ESTUDIO: *cinco horas*

TÍTULO: *Actitud positiva de Pablo en la prisión*

APLICACIÓN:

Considerando la actitud optimista de Pablo, especialmente a pesar de sus circunstancias, yo también necesito buscar los aspectos positivos más de lo que lo he venido haciendo.

Pablo continuamente se enfoca en la fuente de su poder, Cristo. De manera que sé que la única forma en la que seré capaz de ver lo bueno en situaciones difíciles es manteniendo mi enfoque en el Señor.

Pondré mi mejor esfuerzo para tener una actitud más optimista y para hablar en forma más positiva con otros. Es un privilegio estar haciendo el trabajo en el ministerio del Señor, y por lo tanto debo buscar mi optimismo en él y en sus promesas, y no en las circunstancias presentes.

(Ejemplo de estudio bíblico avanzado ABC)

PASAJE BÁSICO: *Filipenses 1:21*

"Porque para mí el vivir es Cristo, y el morir es ganancia".

REFERENCIAS CRUZADAS:

vv.	Referencia	Pensamiento clave
1	Hech. 16:1	Pablo dijo que Timoteo estaba con él.
3	Colosenses 1:3	Pablo apreciaba y oraba por la gente a la que había ministrado en el pasado.
5	Hech. 16:12-40	Pablo recuerda su memorable visita a los filipenses. Él fue su compañero en el evangelio.
6	2 Cor. 1:14	Cuando Cristo regrese, podremos regocijarnos debido a nuestra salvación.
11	Juan 15:5	Mientras permanezcamos atados a la fuente de nuestra fortaleza, Dios nos capacitará para llevar mucho fruto espiritual.
21	Gál. 2:20	Vivir por Cristo es vivir por fe en Cristo.
23	2 Cor. 5:8	Debemos estar dispuestos y listos para estar con Dios; separados de nuestro cuerpo.
27	Efe. 4:1	Dios ha llamado a todos los creyentes a un trabajo digno con responsabilidades. Debemos vivir vidas consistentes con este llamado.

(Ejemplo de estudio bíblico avanzado ABC)

29, 30 Hech. 16:19-24 El conflicto y el sufrimiento de Pablo
fueron reales.

DIFICULTADES:

vv.	Pregunta
11	¿Cuáles son los "frutos de justicia"?
15, 17	¿Qué significa que "Algunos, a la verdad, predican a Cristo por envidia y contienda"?
20	¿Cómo es Cristo exaltado en mi cuerpo por la muerte?
22	¿Hasta dónde tenemos nosotros la capacidad de escoger entre vivir o morir?
27	¿Cómo puedo medir si mi vida es digna del evangelio de Cristo?
29	¿Está garantizado que tendré sufrimiento?

VERDAD CENTRAL:

Involucrarse con la gente por la causa de Cristo traerá tanto gozo como tiempos de verdaderas pruebas. Sin embargo, en Cristo, en cualquier situación, puedo mantenerme con una actitud de gozo si me mantengo concentrado en él.

(Ejemplo de estudio bíblico avanzado ABC)

ESTUDIO FINAL:

ACTITUD POSITIVA DE PABLO EN LA PRISIÓN

(Filipenses 1)

I. Saludos de Pablo (vv. 1-11)

   A. En el nombre del Señor (1, 2).

   B. Acción de gracias y oración por los filipenses (3-6).

   C. Recuerdo de sus oraciones y trabajo de amor por ellos (7, 8).

   D. Oración específica por ellos (9-11).

II. Relato de Pablo sobre su tiempo en prisión (vv. 12-14)

   A. Para el adelanto del evangelio (12).

   B. Los soldados hablan de Cristo (13).

   C. Da ánimo a los otros creyentes (14).

III. Inconciliables razones para predicar el evangelio (vv. 15-17)

IV. Actitud de Pablo en la prisión (vv. 18-26)

   A. Alegría en la proclamación de Cristo (18).

   B. Con gozo anticipa su liberación (19).

   C. Vida o muerte (20-26).

      1. Cristo es honrado en ambas (20).

      2. Morir es ganancia (21).

(Ejemplo de estudio bíblico avanzado ABC)

3. Vivir es trabajar (22).

4. Vio que los creyentes de Filipos necesitaban ayuda (24).

5. Resolvió estar con ellos para ayudarlos (25, 26).

V. Exhortación de Pablo desde la prisión (vv. 27-30)

A. A los filipenses para que vivieran una vida ejemplar como representantes de Cristo Jesús (27).

B. Para que no tuvieran miedo de los hombres (28).

C. Para que esperaran sufrimiento (29).

D. La vida de Pablo era un ejemplo (30).

(Ejemplo de estudio bíblico avanzado ABC)

CAPÍTULO DIEZ

Cómo hacer un análisis exhaustivo de un libro

Aún más allá de los métodos de estudio bíblico descritos en los capítulos anteriores, el "análisis exhaustivo de un libro" incluye una inspección aún más minuciosa de los diferentes aspectos del libro que se está estudiando. Otra característica de este plan de estudios bíblicos es que el esbozo y el resumen del libro son partes integrales del estudio total, y en esa forma ayudan a ver el libro como un todo.

Los libros de la Biblia fueron originalmente escritos como unidades individuales. Para hacer más conveniente el estudio, varios siglos después se dividieron en capítulos y versículos. Para aquellos que quieren dominar la Biblia, entender cada libro como un todo los guiará a un mejor entendimiento de lo particular. Entender el significado de lo particular guía a conclusiones apropiadas y a un mayor dominio de la Palabra de Dios.

El plan de estudio "análisis exhaustivo de un libro" capacita al estudiante a moverse del todo a lo *particular* y de allí a las *conclusiones*.

He aquí tres pasos para estudiar cualquier libro de la Biblia: el esbozo del libro (el todo), el análisis del capítulo (lo particular) y el resumen del libro (conclusiones).

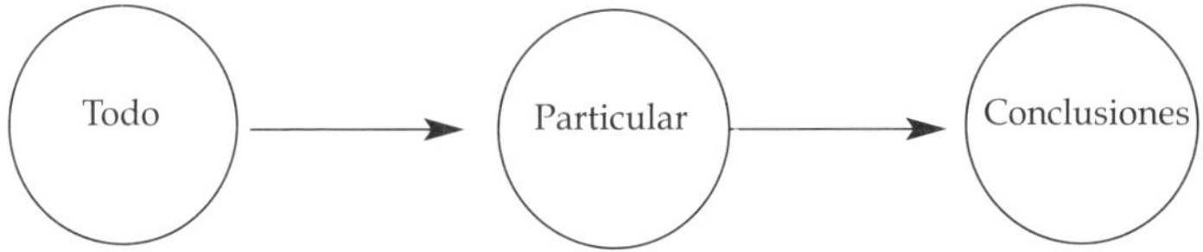

En el estudio de cada capítulo, también hay tres pasos que siguen el procedimiento anterior: la descripción del capítulo (el todo), la meditación versículo por versículo (lo particular) y el tema y la conclusión (las conclusiones). Todo el estudio se puede ilustrar como sigue:

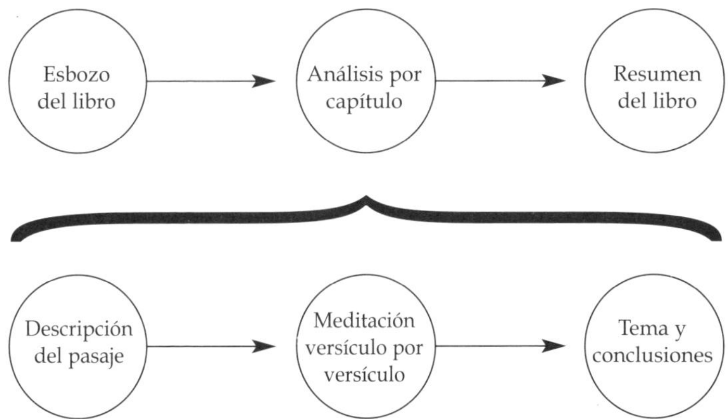

Ya que la aplicación puede provenir de cualquier paso del estudio bíblico, no está incluida en la secuencia anterior. El orden ilustrado representa los pasos usados para discernir la verdad de la Palabra de Dios. La aplicación involucra poner esta verdad en la práctica de la vida diaria.

Inicio

Inicie su estudio revisando la Primera Unidad en este

manual: *Fundamentos del Estudio Bíblico*, luego escoja para su estudio un libro del Nuevo Testamento. Al final puede que usted quiera estudiar un libro del Antiguo Testamento como Jonás, Nehemías o Rut.

Un buen paso a seguir es un libro por semana. Sin embargo, si un capítulo es particularmente largo, podría decidir hacerlo en dos estudios. Podría usar la primera semana para hacer el esbozo del libro, como su primera sesión, y la siguiente y última la podría usar para hacer el resumen del libro. (Por ejemplo, un libro de seis capítulos como Efesios tomaría ocho semanas para completar su estudio.)

Es mejor hacer su estudio primero en borrador. Luego organícelo en limpio.

CÓMO HACER EL ESBOZO DEL LIBRO

El esbozo del libro le dará un compendio de todo el libro. Este compendio lo ayudará a entender y relacionar las particularidades que descubrirá más tarde. El esbozo del libro contiene cinco secciones principales: PERSONAJES PRINCIPALES, MARCO HISTÓRICO, PROPÓSITO, TEMAS y COMPENDIO. Usted puede necesitar enumerar el estilo, las palabras clave, personajes secundarios y la geografía del libro.

Personajes principales

¿Quién es el autor del libro? ¿A quién fue escrito? ¿Cuáles otros personajes importantes se mencionan en el libro? ¿Cómo se relacionan entre ellos? ¿Cuán bien se conocen y entienden entre ellos?

Marco histórico

¿Cuándo fue escrito el libro? ¿Cuál fue el marco histórico

en el que fue escrito? ¿Cuál es el transfondo histórico de los receptores? ¿Qué sucedía en esa parte del mundo en aquel tiempo?

Propósito

¿Por qué se escribió este libro? Si había un problema que corregir, ¿cuál era? ¿Qué era lo que quería corregir el escritor?

Temas

¿Cuál es el énfasis principal del libro? ¿Cuáles son las ideas que se repiten? ¿Con cuáles temas trata el autor?

Compendio

Resuma el libro en un bosquejo, gráfico o diagrama. Es posible que desee comenzar usando el tema y el bosquejo que se dan en un libro de referencia. A medida que complete su estudio, usted escribirá sus propios temas y bosquejos.

Otras observaciones

Otras preguntas que puede ser importante incluir:

1. ¿Cuál es el estilo de escritura? ¿Usa el autor elementos tales como la ilustración, los argumentos lógicos o recurre a las emociones?
2. ¿Cuáles son las palabras clave en el libro?
3. ¿Cuál es el estilo de vida de los personajes? ¿Cuál es su cultura? ¿Cuáles son algunas de sus costumbres y hábitos?
4. ¿Qué nos ayuda a entender la geografía y la topografía de los lugares mencionados en el libro?

Existen muchas otras posibilidades para hacer su estudio más interesante. Algunas de estas preguntas se vuelven más importantes al estudiar algún libro en particular. Entre más estudie, será más capaz de discernir cuáles preguntas son importantes.

La mayoría de esta información puede encontrarse en una variedad de recursos. Puede encontrar materiales de transfondo para el esbozo de un libro en los siguientes libros de referencia:

1. Un diccionario bíblico digno de confianza o una enciclopedia.
2. Un buen manual bíblico contemporáneo.
3. Un atlas bíblico actualizado.
4. Un compendio bíblico confiable.
5. Un texto sencillo de español contemporáneo.
6. Una concordancia exhaustiva o un libro de estudio de palabras.

No tema usar materiales de referencia. Estos libros generalmente reflejan años de estudio realizados por hombres de Dios. Por otro lado, no se fíe de ellos completamente, porque no son infalibles. (Para tener más información de materiales de referencia, vea el Apéndice A, página 124).

CÓMO HACER EL ANÁLISIS DEL CAPÍTULO

Cuando esté trabajando en el análisis del capítulo, comience con una descripción del pasaje, luego haga una meditación versículo por versículo, y termine con el tema y las conclusiones. Todo esto contribuirá a su aplicación.

El estudio bíblico de análisis del capítulo incorpora las

partes esenciales de un estudio bíblico: *observación, interpretación y aplicación.* (En la descripción del pasaje, usted hará observaciones del pasaje como un todo; en la meditación versículo por versículo hará observaciones en cada versículo; haga preguntas para ayudarse a interpretar el versículo, y use las referencias cruzadas para correlacionar el versículo con el resto de la Biblia. Usted extraerá estos pensamientos juntos y los apuntará en la sección del tema o en el de la conclusión. Finalmente, escriba su aplicación en la sección de aplicación.)

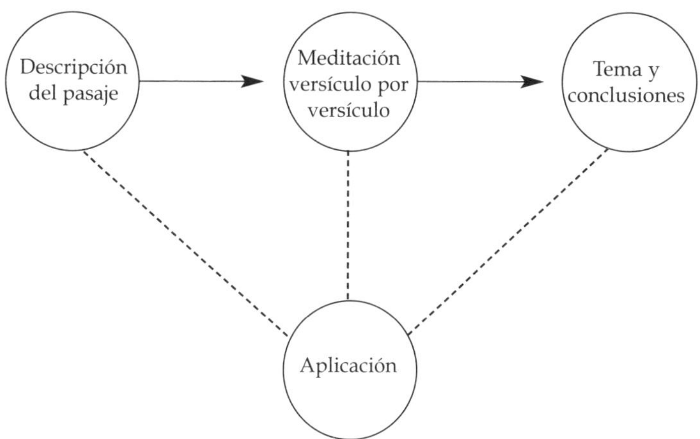

Descripción del pasaje

Lea todo el pasaje varias veces y describa brevemente todo el contenido. Si quiere complementar su lectura usando una de las más recientes traducciones de la Biblia o una paráfrasis, asegúrese de que sea una versión reconocida.

No trate de analizar o interpretar cuando esté escribiendo la descripción del pasaje. Observe con cuidado lo que se dice, no el por qué. Luego de leer la descripción del pasaje, otra persona que esté familiarizada con el pasaje debe ser capaz de identificarlo. Aunque hay diferentes formas de describir un pasaje, el contenido del mismo debe ser uniforme. Recuerde usar los principios de observación (páginas 25-27), y no pase por alto lo obvio en su descripción.

Un método usado para describir el pasaje es el de escribirlo de nuevo sin modificar las frases y las cláusulas. Esto básicamente deja de lado los sujetos, los verbos y los complementos. Es especialmente efectivo cuando el pasaje contiene muchos modificadores. Fácilmente usted puede observar los movimientos del pasaje al escribirlo de nuevo de esta manera.

Otro método de describir el pasaje es hacer un resumen del bosquejo. El primer paso es dividir el pasaje en párrafos. La mayoría de las versiones recientes de la Biblia ya traen sugerida la pausa que se da entre párrafo y párrafo. El texto original no estaba dividido en párrafos, de manera que tal vez usted quiera dividirlo diferente. Notar cambios de sujeto y las divisiones naturales lo ayudará a determinar la posible división de párrafos. Después de determinar su división de párrafos escriba una o dos oraciones que resuman el contenido de cada párrafo. No se preocupe si omite algunos detalles, pero haga una estructura general en la cual pueda incluir los detalles después.

Meditación versículo por versículo

La meditación versículo por versículo le da la oportunidad de hacer observaciones más detalladas, interpretar y correlacionar el pasaje. (A esta altura del estudio, dele una prolongada mirada a los detalles a medida que avance de un versículo al siguiente.) Los aspectos esenciales de observación, interpretación y aplicación de un estudio bíblico se usan aquí tanto para estudiar cada *versículo* como para estudiar el pasaje completo.

Coloque sus resultados bajo tres encabezados en esta sección: OBSERVACIÓN, PREGUNTAS Y RESPUESTAS y REFERENCIAS CRUZADAS. Estos son tres aspectos importantes de la meditación versículo por versículo. Coloque el número del versículo a la izquierda del resultado bajo cada encabezado. El cuarto encabezado en esta sección es NOTAS Y COMENTARIOS.

El objetivo es meditar en el versículo, no escribir algo acerca de cada versículo en cada columna. Échele un minucioso vistazo y anote en un papel sus observaciones, preguntas, respuestas y referencias cruzadas. Anote información adicional y posibles aplicaciones bajo la sección NOTAS Y COMENTARIOS. Si es necesario, use hojas extra para anotar todas sus conclusiones.

Observaciones: Una observación apropiada es el fundamento en el cual se sustentan una buena interpretación y una buena conclusión. Debido a que es imposible anotar cada observación, anote las que sí estimulan un pensamiento más profundo. Es posible que quiera anotar observaciones sobre versículos que se relacionan con otros versículos en el mismo pasaje.

Preguntas: Esta sección toma considerable tiempo y esfuerzo, pero a menudo nos lleva a gratificantes meditaciones. A medida que usted madure en el conocimiento de la Biblia, surgirán más preguntas, y estas serán cada vez más penetrantes y significativas. Al mismo tiempo su propio conocimiento y entendimiento aumentará. No hay límite para el número y la variedad de preguntas que surgirán en cualquier pasaje.

Respuestas: Cuando una pregunta tenga posibles

respuestas diferentes, es bueno que anote más de una. Las Escrituras no siempre nos dan respuestas claras y precisas para cada asunto; por lo tanto, tenga cuidado de no insistir siempre para encontrar una. Enfóquese simplemente en lo que Dios ha revelado. Algunas veces es mejor escribir preguntas sin tratar de contestarlas. Esperar puede evitar que usted se salga de la tangente, y en algunos casos los versículos subsiguientes vienen a contestar su pregunta.

En muchos casos, una pregunta estimula estudios más detallados usando otros recursos. Sin embargo, debe tratar de encontrar la mayoría de las respuestas en la misma Biblia. Algunas veces podrá ayudarle una referencia cruzada.

Referencias cruzadas: La Biblia es el mejor comentario de sí misma. La Escritura interpreta la Escritura. El contenido de un pasaje aclara el contenido de otro. Para ayudarlo a usted a aplicar este principio, use tanto la referencia cruzada interna como la externa. Una referencia cruzada interna se encuentra en el mismo libro en el que está el versículo que está estudiando; una referencia cruzada externa viene de otra porción de la Escritura.

Las referencias cruzadas internas muestran la relación de un versículo con el párrafo, el capítulo y el libro en el cual se encuentra. Esto ayuda a colocar el versículo en su contexto. En cualquier momento en el que un versículo use palabras para conectar ideas, tales como: *por lo tanto, y por eso, por lo consiguiente* una referencia cruzada interna mostrará a qué se refiere. Las referencias cruzadas externas muestran cómo se relaciona el versículo que se está estudiando con otros versículos en otro libro de la Biblia. Es especialmente notable encontrar a otros escritores de la Escritura que han dicho esencialmente la misma cosa.

Tipos importantes de referencias cruzadas externas son paralelas (o sea, dicen la misma cosa), corresponden (tratan asuntos similares), contrastan e ilustran.

El mejor recurso de referencias cruzadas es su propia memoria y conocimiento de la Biblia. Si usted no recuerda una, use una concordancia o las notas al margen de su Biblia. Si está buscando un versículo que contiene una palabra clave, no dude en usar una concordancia, pero no caiga en la trampa de confiarse en ella completamente en lugar de pensar por usted mismo. (*The Treasure of Scripture Knowledge* [El tesoro del conocimiento bíblico], publicado por Fleming H. Revell Company, es un libro que enumera 500.000 referencias cruzadas de todos los libros de la Biblia.)

En el espacio junto al de referencias cruzadas añada sus pensamientos (aquellos que relacionan esta referencia cruzada con el versículo que está estudiando). Use una frase corta o palabras clave tomadas de la referencia para ayudarse a retener su contenido.

Notas y comentarios: Use el espacio que está debajo del encabezado para anotar allí su propio énfasis del estudio. Es posible que quiera titularlo con un tema específico o enumerar estas cosas como implicaciones o posibles implicaciones, ilustraciones, definiciones y observaciones adicionales.

El tema y las conclusiones

El momento en que llegue a las secciones TEMAS y CONCLUSIONES de su capítulo de análisis ya habrá adelantado bastante en su estudio. Habrá descrito el pasaje, meditado en cada versículo, hecho observaciones, hecho preguntas, descubierto respuestas y encontrado referencias cruzadas.

El tema fue el asunto central sobre el que deliberó el escritor del libro que usted está estudiando. Puede ser un tema, una premisa, un problema o un argumento. Usted podría encontrar más de un tema en un pasaje en particular.

La mejor manera de llegar hasta el tema es preguntarse en cada párrafo: ¿De qué está hablando el autor? o ¿cuál es el asunto principal en este párrafo? Combinar y resumir los temas del párrafo lo ayudarán a determinar el tema principal del pasaje.

Después de que llegue al tema o temas del pasaje, comience a anotar las conclusiones. En cada párrafo deberá haber más de una conclusión debido a que el autor puede estar diciendo más de una cosa acerca del mismo asunto. La forma más precisa de llegar a conclusiones es preguntar: ¿Qué es lo que el autor está diciendo sobre este tema? o ¿qué es lo que se dice acerca del tema o asunto en cada párrafo? No es tan importante tener muchas conclusiones como lo es tener conclusiones que fluyan lógicamente de los temas principales a través del pasaje.

Es posible que desee ponerle título al capítulo. Ese título probablemente refleje el tema y las conclusiones que ha descubierto recientemente.

La aplicación

Un estudio bíblico que no tenga una aplicación lleva a un conocimiento vano. Dwight L. Moody dijo: "Las Escrituras no fueron dadas para incrementar nuestro conocimiento, sino para cambiar nuestra vida".

Anotar su aplicación lo ayudará a clarificar lo que planea hacer. Además, lo animará a ser específico. Es fácil decir: "Voy a orar más". Ese tipo de aplicación es raramente puesta en práctica. Es de mucho mayor significado escribir: "Cada día voy a usar los primeros cinco minutos de mi hora de almuerzo para orar".

Las siguientes cuatro preguntas pueden ayudarlo a escribir aplicaciones significativas:

1. ¿Cuál es la verdad que quiero aplicar?
2. ¿Cuál es mi necesidad?
3. ¿Cuál es mi plan de acción?
4. ¿Cómo puedo verificar mi progreso?

Ore para que el Espíritu Santo lo ayude a seleccionar y a llevar a cabo su aplicación.

CÓMO HACER EL RESUMEN DE UN LIBRO

Para completar el estudio de un libro de la Biblia, va a tener que enlazar en el resumen del libro lo que ha aprendido. Su resumen lo ayudará a unificar el conocimiento, a consolidar hechos y a entender todo el libro.

El primer paso en el resumen es leer el libro varias veces. Si le es posible, hágalo de corrido. Ya que el material le es ahora familiar, podrá leerlo rápidamente. Busque el pensamiento general que recorre el libro. Trate de obtener una vista completa.

Revise los títulos de los capítulos para ayudarse a determinar el fluir general y escriba un bosquejo de todo el libro. Se le hará interesante comparar su bosquejo final con el compendio en su esbozo del libro.

Luego, revise los temas de los pasajes y las conclusiones principales. Decida cuál tema o temas son los más importantes y enumérelos. Ahora haga la misma cosa con las conclusiones y escoja las más cruciales.

Considere el libro como un todo y dele un título. Trate de mantener ese título lo más corto posible y use palabras que sean pintorescas e ilustrativas del contenido del libro.

Finalmente, revise las aplicaciones de cada pasaje. ¿Hay alguna aplicación que no haya completado? Usando su revisión, escriba su aplicación final y haga planes definitivos para completarla.

Resumen

Los encabezados principales en el esbozo del libro deben ser:

PERSONAJES PRINCIPALES
MARCO HISTÓRICO
PROPÓSITO
TEMAS
COMPENDIO

En el análisis del capítulo, los encabezados deben ser:

DESCRIPCIÓN DEL PASAJE
OBSERVACIONES
PREGUNTAS Y RESPUESTAS
REFERENCIAS CRUZADAS
NOTAS Y COMENTARIOS
TÍTULO
TEMA
CONCLUSIONES
APLICACIÓN

Los encabezados del resumen del libro deben ser:

TÍTULO DEL LIBRO
BOSQUEJO FINAL
TEMA PRINCIPAL
CONCLUSIONES PRINCIPALES
APLICACIÓN FINAL

ESBOZO

LIBRO: *1 Tesalonicenses*

PERSONAJES PRINCIPALES:

Pablo, el autor; Timoteo y Silas (Silvano), compañeros de Pablo cuando él ministraba a los tesalonicenses.

MARCO HISTÓRICO:

Pablo, Silas y Timoteo fueron a Tesalónica que quedaba 160 kilómetros al suroeste de Filipo (Hechos 17). Pasaron alrededor de tres semanas allá, y comenzó a crecer la iglesia que organizaron. Probablemente Pablo escribió esta carta luego de su visita a Atenas (52 d. de J.C.). Esta fue la primera de las epístolas de Pablo.

PROPÓSITO:

Superar los problemas que se presentaron en relación con el carácter y el ministerio de Pablo, instruirlos en la doctrina del retorno de Cristo y animarlos mientras eran perseguidos.

TEMAS:

La segunda venida de Cristo

El ministerio personal de Pablo

La vida pura

ESTILO: *Personal, evocador, instructivo*

(Ejemplo de un análisis exhaustivo de un libro)

PALABRAS CLAVE: Dios el Padre, Jesucristo, el Espíritu Santo, fe, amor, esperanza, gozo

GEOGRAFÍA: Tesalónica era la capital de Macedonia, la cual estaba ubicada en una ruta comercial. Llegó a ser una ciudad libre luego de la batalla de Filipo (42 a. de J.C.).

COMPENDIO:

I. Personal. El presente y el pasado de Pablo se enfrentan con la iglesia de Tesalónica (capítulos 1-3)

  A. Saludos (1:1)

  B. Acción de gracias (1:2-10)

  C. El ministerio de los apóstoles (2:1-20)

    1. Como evangelistas (2:1-6)

    2. Como pastores (2:7-9)

    3. Como maestros (2:10-12)

    4. El resultado del ministerio de los apóstoles (2:13-16)

    5. La oposición satánica al ministerio (2:17, 18)

    6. La recompensa del ministerio (2:19, 20)

  D. Progreso de la iglesia (3:1-3)

    1. Timoteo es enviado a Tesalónica (3:1-5)

    2. Timoteo trae de vuelta buenas noticias (3:6-13)

(Ejemplo de un análisis exhaustivo de un libro)

II. *Práctico. Instrucción concerniente a cómo debe ser la vida de los cristianos en vista del inminente retorno del Señor (capítulos 4—5)*

　A. *Instrucción en santidad (4:1-8)*

　B. *Instrucción concerniente al amor entre los hermanos en la fe (4:9, 10)*

　C. *Instrucción concerniente a la conducta hacia aquellos fuera de la iglesia (4:11, 12)*

　D. *Instrucción concerniente al rapto de los santos (4:13-18)*

　E. *Instrucción concerniente a la revelación de Cristo (5:1-11)*

　F. *Diversas instrucciones (5:12-28)*

(Tomado de "The Bible Book by Book " [La Biblia libro por libro], por G. Coleman Luck, Moody Press)

ANÁLISIS DEL CAPÍTULO

PASAJE: *1 Tesalonicenses 1*

DESCRIPCIÓN DEL PASAJE:

vv. 1-5

　Después de las palabras de saludo, Pablo dice cuán agradecido está por la calidad de la vida en la iglesia de Tesalónica.

(Ejemplo de un análisis exhaustivo de un libro)

vv. 6-10

Al seguir el ejemplo de Pablo, los tesalonicenses se vuelven una creciente influencia a través de Macedonia y Acaya. En todo lugar la gente habla acerca de la respuesta de ellos ante Dios.

TÍTULO:

El evangelio y el efectivo ministerio de Pablo en Tesalónica

TEMA:

El evangelio de Pablo en Tesalónica (vv. 1-5)

El efectivo ministerio de Pablo en Tesalónica (vv. 6-10)

(Ejemplo de un análisis exhaustivo de un libro)

vv. OBSERVACIONES	vv. PREGUNTAS Y RESPUESTAS
1 Una carta escrita por tres hombres que probablemente viajaron juntos.	1 ¿Cuándo estuvieron ellos en Tesalónica?
2 Pablo da gracias por ellos (denota interés personal).	2 ¿Cuál fue la oración de Pablo a favor de ellos?
3 Tres pensamientos paralelos: a. Obra de fe. b. Trabajo de amor. c. Perseverancia de la esperanza.	3 ¿Qué es fe? Confiar en el carácter de Dios y obedecerlo. ¿Qué es perseverancia de la esperanza? "Esperar pacientemente a Cristo, resistiendo en las pruebas".
4 ¡Dios me escogió!	4 ¿Cuándo me escogió Dios?
5 El evangelio puede comunicarse en: a. Poder. b. El Espíritu Santo. c. Plena convicción.	5 ¿Qué es convicción? "Describe la buena voluntad de libertad de espíritu que disfrutaban los que llevaron el evangelio a Tesalónica".
6 Ellos eran <u>imitadores</u> de Pablo.	6 ¿A quiénes hemos de imitar?
8 "Palabra" se menciona también en vv. 5, 6. La fe es orientada hacia Dios. La fe siempre tiene un objetivo.	8 ¿Dónde está Macedonia? ¿Acaya? Al norte de Grecia. M. fue conquistada por los romanos en el 168 a. de J.C.
9 El ministerio tiene tres efectos: a. Dejar los ídolos y volverse a Dios. b. Servir al Dios viviente. c. Esperar al Hijo que viene de los cielos.	9 ¿Era la adoración de ídolos una práctica común?
10 La resurrección de Cristo está ligada con su segunda venida.	10 ¿Está la resurrección comúnmente ligada a la segunda venida?

(Ejemplo de un análisis exhaustivo de un libro)

vv. Referencias cruzadas		Notas y comentarios
1 - Hech. 17:1	Luego de que visitaron Anfípolis y Apolonia.	Tal vez necesito escribirle a José una carta de seguimiento.
2 - 1 Tes. 5:18	Dar gracias en todo.	Hacer un estudio bíblico sobre acción de gracias.
3 - 2 Tes. 3:5	Perseverar en Cristo.	¿Estoy resistiendo en las pruebas?
Heb. 11:1	La fe es la seguridad confiada del futuro y de las cosas que no se ven	¿Estoy enfocándome en Cristo como mi esperanza?
4 - 2 Tes. 2:13	Desde el principio.	¿Sé realmente cómo explicar el evangelio?
5 - Col. 2:2	Completa seguridad o certidumbre del entendimiento que se obtiene como resultado de conocer a Cristo.	Necesito esforzarme para memorizar un plan sencillo de salvación.
6 - 1 Cor. 11:1	Síganme a mí mientras yo sigo a Cristo.	¿Cómo puedo ser un mejor ejemplo?
8 - Hech. 16:9	Pablo tuvo la visión que debía ir a Macedonia.	¿Hacia qué va dirigida mi fe?
9 - Hech. 19:19	Los efesios quemaron sus ídolos y sus libros mágicos.	¿Estoy adorando algún ídolo?
10 - 1 Tes. 4:16, 17	Conexión entre la resurrección y la segunda venida.	

(Ejemplo de un análisis exhaustivo de un libro)

CONCLUSIONES:

La oración, la predicación y las demostraciones de poder son tres claves para comunicar el evangelio (vv. 2, 5).

Un ministerio evangélico efectivo incluye ser imitadores de algunos y ejemplos para otros (vv. 6, 7).

Convertirse de los ídolos y volverse a Dios es una obra de fe, servir a Dios es una labor de amor, y esperar a su Hijo es perseverar en la esperanza (vv. 3, 9, 10).

APLICACIÓN:

La verdad de 1 Tes. 1:9 es convertirse de los ídolos y enfocarse en Cristo.

Mi necesidad es resultado de hacer un ídolo de mi dinero.

Me apego a mi paga y a mis posesiones y soy egoísta en la forma en cómo gasto lo que Dios me ha dado.

Planeo redactar un presupuesto esta semana y darle por lo menos el 10% al trabajo de Dios. También memorizaré 1 Tes. 1:9, 10.

Voy a llevar un control de los resultados de mis decisiones compartiendo mi aplicación con un compañero y haciendo que él me tome los versículos que voy memorizando.

(Ejemplo de un análisis exhaustivo de un libro)

RESUMEN

LIBRO: *1 Tesalonicenses*

TÍTULO DEL LIBRO: *"Una forma de vida para los nuevos cristianos"*

BOSQUEJO FINAL:

I. Los efectos del evangelio en los tesalonicenses (1:1-10).

II. El ministerio personal de Pablo a los tesalonicenses (2:1-20).

III. El propósito de Pablo para la vida de los tesalonicenses (3:1; 4:12).

IV. Expectativa por el retorno de Cristo (4:13-18).

V. Un desafío para un cambio en la vida de los tesalonicenses (5:1-28).

TEMAS PRINCIPALES:

La esperanza en el retorno de Cristo (1:8-10), recompensa (2:17-20), purifica (4:1-12), conforta (4:13-18) y despierta a la acción (5:1-10).

La fe produce obras (1:3, 9), el amor produce trabajo (1:3, 9) y la esperanza produce paciencia (1:3, 10).

El propósito de la aflicción es producir santificación en el creyente. (1:6; 2:14-16; 3:7-10; 5:1-10).

(Ejemplo de un análisis exhaustivo de un libro)

CONCLUSIONES PRINCIPALES:

La esperanza en el retorno de Cristo permea la confianza del cristiano. La fe, la esperanza y el amor han de ser las actitudes modelo y promueven la acción.

Las aflicciones no han de ser temidas, sino gozadas como recurso para crecer y desarrollarse.

APLICACIÓN FINAL:

Quiero memorizar versículos de 1 Tesalonicenses que tengan relación con animar a otros a tener esperanza (2:19, 20; 3:11-13; 4:15-18; 5:9, 11) y comenzar a compartir estas verdades con otros, comenzando con mi compañero de clase que es un cristiano nuevo.

(Ejemplo de un análisis exhaustivo de un libro)

CAPÍTULO ONCE

Cómo hacer un estudio bíblico temático

La mayoría de nuestros estudios bíblicos personales están dirigidos a encontrar tanto lo que Dios quiere que hagamos, como lo que Dios quiere que sepamos. Estos dos énfasis son correctos, pero el uno sin el otro nos deja fuera de balance. La declaración de Pablo de que "Toda la Escritura es inspirada por Dios y es útil para la enseñanza, para la reprensión, para la corrección, para la instrucción en justicia" (2 Tim. 3:16), incluye tanto el saber como el hacer, pero hace énfasis en:

- ✦ *Enseñar:* lo que debemos saber.
- ✦ *Redargüir:* lo que debemos evitar hacer.
- ✦ *Corregir:* lo que debemos hacer en forma diferente.
- ✦ *Instruir en justicia:* lo que debemos comenzar a hacer o continuar haciendo.

Una buena forma de ayudarlo a descubrir la voluntad de Dios es a través del estudio de un *tema* de la Escritura. En un estudio temático debe tratar de extraer y resumir lo que la Biblia dice sobre un tema dado.

Este estudio es para su propio uso y referencia y no debe ir encaminado a ser algo exhaustivo o erudito. Debe servir para revelar las verdades clave de las Escrituras acerca de un tema y señalar lo que usted necesita saber y hacer respecto a este (para cambiar su vida y ayudarlo a usted a enseñarles a otros).

Escoja un buen tema

Su tema de estudio debe ser uno que por largo tiempo haya deseado investigar. Debe haber salido como estudio adicional durante un análisis de capítulo u otro tipo de estudio. Tal vez usted oyó un sermón que lo motivó a pensar en este tema. Es posible que esté discipulando a alguien que le ha hecho preguntas de importancia para él, y usted necesita encontrar las respuestas. Entonces, esta es nuestra oportunidad de estudiar en las Escrituras un tema de interés actual para usted. Usted puede obtener sus propias conclusiones, y aun convicciones, sobre un tema, completados con aplicaciones hacia sus propias necesidades.

Si selecciona un tema que es muy extenso, como el *amor*, podría dividirlo en varios estudios, tales como *El amor de Dios, El amor del hombre hacia Dios, El amor al prójimo* o *La naturaleza del amor*.

Aquí podemos encontrar una lista fortuita de temas (continúa en la página 106).

Adoración	Discipulado
Agradecimiento	El señorío de Cristo
Amor	El Espíritu Santo
Autodisciplina	El evangelio
Ciudadanía	Enojo
Dar	Evangelismo

Fe	Perseverancia
Fertilidad	Piedad
Gracia	Prioridades
Guía divina	Pureza
Humildad	Riqueza y posesiones
Integridad	Salvación
La Palabra de Dios	Santidad
Matrimonio	Seguimiento
Memorización de versículos	Temor
Obediencia	Testificar
Oración	Tiempo de devoción
Paciencia	Valor
Paternidad	Visión
Pecado	

Inicio

Revise la Primera unidad en este manual: *Fundamentos del estudio bíblico*, y siga las siguientes instrucciones:

Seleccione el pasaje de la Escritura

Una vez que haya seleccionado el tema, usted estará listo para seleccionar de diez a doce de los mejores pasajes sobre este tema. Use una hoja con renglones para anotar rápidamente las posibles porciones de la Escritura y decidir cuál es la mejor. Es mejor estudiar en borrador primero y organizarlo mejor después.

Una concordancia lo ayudará a encontrar los pasajes en relación con ese tema. Busque con mucho cuidado tanto las palabras que tienen relación como las ideas principales. (Si el tema es la *salvación*, por ejemplo, busque palabras como *perdón*, *redención*, *nacer de nuevo*, *expiación* y *vida eterna*.)

Podría también usar la "Concordancia temática de la Biblia" (CBP 42043) o "Encuéntrelo rápidamente en la Biblia" (EMH 42108), para encontrar los pasajes que desea seleccionar. O podría entresacar de partes de la Biblia y anotar rápidamente las referencias de esas porciones donde se tratan sus temas. Si su Biblia tiene un índice de temas, podría encontrar algunas referencias en los temas listados ahí.

Algunos pasajes que seleccione pueden ser versículos individuales, otros pueden ser párrafos o inclusive puede ser un capítulo completo.

Este proceso de seleccionar el mejor pasaje tomará algún tiempo y requerirá que compare diferentes Escrituras. Sin embargo, no se frustre tratando de escogerlos. Sea paciente; una vez que haya escogido su docena de mejores pasajes, o algo aproximado, tendrá que ponerle ciertos límites a su estudio y no podrá rondar infinitamente a través de la investigación bíblica en busca de la verdad.

Por supuesto, *toda* la Escritura es inspirada y provechosa. Pero en esta parte de su estudio, usted simplemente está tratando de escoger pasajes importantes que se relacionen mejor con su estudio y le añadan ciertos hechos o ilustraciones que no los presentan otros pasajes que ha escogido. Enumere las diez o doce referencias con un pensamiento clave además de la identificación rápida de cada una.

Resumen o bosquejo

Las Escrituras que ha escogido y enumerado forman la base para el resto de su estudio temático. Puede ayudarle si considera esta lista de Escrituras a medida que vaya capítulo por capítulo en el estudio analítico.

Resuma el contenido de cada pasaje por separado. Luego lea el resumen una o varias veces. Observe los puntos principales que enseña el pasaje y cómo estos encajan juntos. En otra hoja de papel escriba un resumen de su resumen, condénselo, vuelva a arreglarlo y combínelo donde sea posible. Esta debe ser una declaración compuesta de lo que las Escrituras enseñan sobre este tema. O tal vez usted prefiera especificar las verdades que ha descubierto en forma de bosquejo, una vez que haya terminado sus resúmenes. Cuando haya escrito de nuevo el resumen o el bosquejo a su satisfacción, cópielo en limpio o en una hoja aparte en la fórmula de estudio para completar.

Encuentre el versículo clave

A medida que usted lea a través de los pasajes de las Escrituras que está estudiando, encuentre uno que parezca que contenga el meollo de lo que enseña la Biblia sobre este tema. Si prefiere, simplemente escoja el versículo que le guste más sobre este tema. Anótelo bajo el encabezado VERSÍCULO CLAVE o VERSÍCULO FAVORITO. Es posible que quiera memorizar este versículo para que le sirva como recordatorio de este tema.

Reúna ilustraciones

Los pasajes de las Escrituras para su estudio, lo mismo que el resumen o el bosquejo, deben contener ciertas ilustraciones sobre el tema. Si es así, enumérelas por referencia bajo el encabezado ILUSTRACIONES. Por ejemplo, en un estudio sobre *la fe* podría usar a Abraham como ilustración, mencionado en Hebreos 11:8-10.

Debe también tener en cuenta otras ilustraciones tomadas de la Biblia, o de su propia vida, o de la naturaleza o de experiencias de otros que usted podría añadir aquí. También se pueden incluir recortes del periódico y poemas sobre el tema. Esta sección del estudio será de especial ayuda si usted es llamado a enseñar o a hablar sobre el tema.

Apunte los problemas

Lea de nuevo los pasajes de la Escritura, y encuentre y escriba cosas que lo desconcierten o cosas que piense que podrían ser difíciles para que otros cristianos entendieran. Debajo del encabezado PROBLEMAS, enumere las referencias de los versículos que presentan el problema y escriba una pregunta que represente este problema.

Por ejemplo, en el tema de la *humildad* un problema podría ser el que se encuentra en Santiago 4:10: "¿Cómo es posible humillarse *a sí mismo*?".

Escriba una aplicación

Revise otras partes de su estudio y regrese a cada pasaje de la Escritura; pregúntele a Dios cómo mostrar ese aspecto de la verdad que usted debe aplicar en su vida.

Primero, escriba una breve declaración de la verdad que contiene el versículo o versículos que ha seleccionado para su aplicación. Entonces añada una breve declaración de la necesidad o condición en su vida, en relación con el Señor o en su relación con otros que usted debe cambiar o mejorar de acuerdo a la verdad que ha aprendido o que le ha sido recordada.

Finalmente, anote un plan simple de acción que deberá seguir para ayudarlo a producir la corrección necesaria o a formar la cualidad en su vida. Se requiere tiempo en oración sobre esta necesidad, memorizar versículos de la Biblia, restituirle algo a alguien, hacer algo generoso o programar algún proyecto. Existe un vasto número de posibilidades para llevar a cabo las aplicaciones que ha hecho. Esta es la esencia de su estudio y deberá ser siempre emocionante, aunque muchas veces no es fácil, a medida que vea la obra de Dios en su vida de acuerdo con su promesa.

Resumen

Su "estudio bíblico temático" debe incluir los siguientes encabezados:

TEMA
PASAJE ESTUDIADO DE LA ESCRITURA
VERSÍCULO CLAVE O VERSÍCULO FAVORITO
ILUSTRACIONES
PROBLEMAS
APLICACIÓN

Así como otros estudios de Los Navegantes, el estudio bíblico temático puede ser más gratificante cuando se esclarece individualmente y se discute luego en grupo. Grupos de dos a ocho personas son los mejores; si hay más de ocho personas puede ser difícil de manejar. Sus propios descubrimientos van a refrescar y ayudar a los otros, así como los de ellos a usted.

TEMA: *Las oraciones de Jesús*

PASAJES ESTUDIADOS:

Referencia	Pensamiento identificador
Heb. 5:7	Él oró y suplicó insistentemente con lágrimas.
Mat. 26:27	En la Cena del Señor, él dio gracias por el pan.
Mat. 27:46	En la cruz clamó al Padre al sentirse solo.
Luc. 5:15, 16	Algunas veces, cuando la multitud aumentaba, él se apartaba para orar.
Luc. 6:12	Pasó una noche entera en oración en el monte.
Luc. 10:21	Alabó a Dios, se regocijó grandemente en el Espíritu Santo.
Luc. 22:31, 32	Oró por Simón Pedro para que su fe no fallara.
Luc. 22:39-44	En agonía y angustia, él oró en Getsemaní para que se hiciera la voluntad de Dios.
Luc. 23:34	Oró pidiendo perdón por los que lo crucificaron.
Luc. 23:46	Poco antes de morir, le encomendó su alma a Dios.
Juan 11:41-43	Antes de llamar a Lázaro de la tumba, dio gracias.
Juan 17	Oró por sus seguidores para que Dios los protegiera, tuvieran gozo, fueran santificados, estuvieran en unidad y por su presencia en gloria con él.

(Ejemplo de un estudio bíblico temático)

RESUMEN:

Jesús, el único Hijo de Dios, perfecto y santo, ha demostrado a través del tiempo cómo deben orar los cristianos. Él oraba continuamente, algunas veces toda la noche, pero también hacía oraciones cortas de alabanza y acción de gracias. Oraba con extrema emoción, en busca de la voluntad y la gloria de Dios. Oraba por sus más cercanos seguidores, por la iglesia, y por sus enemigos.

"Orar en el nombre de Cristo es orar como Cristo mismo oraba". J. G. Thomson.

VERSÍCULO FAVORITO: Hebreos 5:7

"Cristo, en los días de su vida física, habiendo ofrecido ruegos y súplicas con fuerte clamor y lágrimas al que le podía librar de la muerte, fue oído por su temor reverente".

(Ejemplo de un estudio bíblico temático)

ILUSTRACIONES:

"El manantial del cual surgen todas sus instrucciones (acerca de la oración en el NT) es la propia doctrina y práctica de Cristo". J. G. Thomson, "Nuevo Diccionario Bíblico", p. 994.

PROBLEMAS:

Referencia	Pregunta identificable
Mateo 27:46	¿Cómo abandonó Dios a Cristo?
Lucas 23:24	¿No eran los que lo crucificaron menos culpables al no entender completamente lo que estaban haciendo?

APLICACIÓN:

Voy a pasar por lo menos una hora, mañana al amanecer, en oración; voy a revisar estos pasajes mientras oro y alabo al Señor.

(Ejemplo de un estudio bíblico temático)

CAPÍTULO DOCE

Cómo hacer un estudio de personajes bíblicos

La Biblia es viva y tiene personalidad. Incluye numerosos acontecimientos de la vida de diferentes individuos, y nosotros podemos leer sobre la relación tanto de ellos con Dios como con otros. Este inspirado e infalible registro ha sido preservado para nosotros a través de los siglos y es una grandiosa fuente de enseñanza hoy en día. El apóstol Pablo escribió: "Pero yo mismo estoy persuadido de vosotros, hermanos míos, que vosotros también estáis colmados de bondad, llenos de todo conocimiento, de tal manera que podéis aconsejaros los unos a los otros" (Rom. 15:14).

Estos personajes de la Biblia fueron realmente seres humanos como nosotros. Aun Elías, uno de los más grandes hombres de todos los tiempos, es descrito de la siguiente manera: "Elías era un hombre sujeto a pasiones, igual que nosotros" (Stg. 5:17a). Lo que lo hizo grande fue su vida vivida en obediencia a Dios.

Hay mucho que aprender al estudiar cómo fue tocada por Dios la vida de estos hombres, cómo respondieron a

Dios, en qué clase de personas se convirtieron y qué marca dejaron en su tiempo.

Inicio

Revise la Primera unidad en este manual: *Fundamentos de los Estudios Bíblicos*, y siga las siguientes instrucciones:

Uso de las Escrituras

Una vez que haya seleccionado el tema para su "Estudio de personajes bíblicos", enumere los nombres de los mismos (sin ninguna limitación en su estudio de estos personajes) bajo el encabezado PERSONAS ESTUDIADAS. Luego escoja y enumere la lista de pasajes de las Escrituras que usará para su estudio. Un buen diccionario bíblico o una enciclopedia o una concordancia exhaustiva le dirán dónde se menciona a esta persona. El índice en una Biblia de estudio podría ayudar. Es mejor que haga primero su estudio en borrador, y luego lo organice en limpio.

Hay algunos personajes en la Biblia sobre los que se ha escrito poco, y es posible que usted desee incluir alguna referencia sobre ellos en su estudio. Sobre otros, como David, se ha escrito tanto que usted deberá seleccionar los pasajes que piensa que tienen mayor relevancia. Use una hoja con líneas cuando busque referencias; elimine algunas y conserve otras. Cuando haya decidido cuáles pasajes va a usar, enumérelos y añádales un pensamiento clave a manera de una rápida identificación para cada referencia.

Apunte biográfico

Lea varias veces cada uno de los pasajes de la Escritura

que seleccionó y medite en ellos. Luego comience a escribir una breve biografía de la persona. Esta constará mayormente de los hechos en la vida del personaje, sin interpretación. Incluya cosas tales como el significado de su nombre, dónde y cuándo vivió y el transfondo de su familia. Anote cualquier influencia fuera de lo común, o cualquier hecho ambiental que pudiera haber moldeado la vida y el pensamiento de este personaje; también anote su ocupación y la de sus contemporáneos o compañeros. ¿Cuáles fueron los más importantes eventos en su vida? Mencione el crecimiento de esta persona en relación con Dios, sus mayores triunfos y contribuciones, su influencia a su nación y familia, o cualquier otra cosa de interés acerca de él.

Cuando ya haya incluido todo lo que usted piensa que pertenece al apunte biográfico, escríbalo de nuevo, condense y reacomode las partes tanto como sea necesario para que el resumen quede de uno a tres párrafos.

Versículo clave
De la lista de versículos, escoja un versículo clave sobre la vida del personaje. Pueden ser uno o dos versículos que compendien su vida.

Si no puede encontrar un versículo que compendie su vida, entonces escoja uno que hable de su característica más sobresaliente. Por ejemplo, un versículo que resume la vida de Noé podría ser Hebreos 11:7, mientras que uno que caracteriza a María de Betania puede ser Juan 12:33.

Nota: Un versículo que *resuma* provendrá probablemente de la Escritura que ha escogido para estudiar, mientras que es posible que necesite buscar en otra parte el versículo que hable sobre las *características* (Salmos o Proverbios, por ejemplo).

El versículo clave de su estudio posiblemente sea el que usted quiera memorizar.

Lección sobresaliente

Lea de nuevo a través de las Escrituras y de su apunte biográfico. ¿Cuál cree usted que sea la lección sobresaliente en la vida de esta persona?

Quizás el versículo clave contenga una pista que lo lleve a la lección sobresaliente. Puede ser positiva o negativa, algo digno de imitarse o algo que debe ser evitado. La lección sobresaliente en la vida de dos mujeres mencionadas en la genealogía de Jesucristo, por ejemplo, podría ser *la recompensa de la fe* para Rahab, y *la falacia de los ídolos* en el caso de Raquel.

Cuando haya escogido la lección sobresaliente del tema, escríbalo y dele un pequeño transfondo del pasaje del cual lo tomó. Luego explique por qué usted piensa que esta es la lección sobresaliente que debe ser aprendida sobre la vida de esta persona.

Problemas

A medida que prosiga con su estudio, se le pueden cruzar por la mente algunas cosas que son problemas para usted, ya sea sobre el tema que está estudiando o sobre la forma en que Dios trata con él. Enumere estas cosas bajo el encabezado PROBLEMAS. No trate de resolverlos ahora; solamente escriba la naturaleza de su pregunta. Más tarde podrá llegar a descubrir algunas de las respuestas, o tal vez descubra que Dios no tiene estas respuestas disponibles para nosotros en el momento.

Aplicación

Revise las otras partes de su estudio y vuélvase a los

pasajes de las Escrituras. Pídale al Señor que le muestre algunos principios que usted debe aplicar o algunas características que necesite formar, fortalecer o evitar en su vida.

Escriba bajo el encabezado APLICACIÓN el principio o la característica que ha planeado a través de la oración e incluya el pasaje de la Escritura del cual lo tomó.

Añada, al lado de las líneas que tienen este principio o característica, una oración o dos acerca de lo que necesita ser corregido o mejorado en su vida. Si puede referirse a un ejemplo específico de actitudes o acciones que necesita cambiar, esto clarificará su aplicación y también lo ayudará a ver los cambios en su vida cuando más tarde eche una ojeada al pasado.

Ahora anote lo que planea hacer con la cooperación del Espíritu Santo para ayudarlo a conformar más su vida a la imagen de Cristo. Su parte es entregar su voluntad a él y tomar pasos para obedecer lo que él le ha mostrado en su Palabra.

El poner en práctica lo aprendido en los estudios bíblicos puede provocar que pase más tiempo en oración intercesora, en visitar a un enfermo, en hacer algo concreto por un necesitado o en un sinnúmero de cosas de acuerdo con la necesidad propia que haya reconocido. Si, por ejemplo, su necesidad es sacrificarse para cuidar a otros, usted puede privarse de fondos, tiempo libre u otros privilegios para de esa manera usar estos recursos en alguien que no pueda devolvérselos. Algunas ideas para llevar a cabo su aplicación vendrán a su mente en tanto que usted las busque.

Resumen

Su estudio de personajes bíblicos debe incluir los siguientes encabezados:

PERSONA ESTUDIADA
ESCRITURA USADA
APUNTE BIOGRÁFICO
VERSÍCULO CLAVE
LECCIÓN SOBRESALIENTE
PROBLEMAS
APLICACIÓN

Al igual que con otros estudios de Los Navegantes, el "estudio de personajes bíblicos" puede ser más gratificante cuando se trabaja individualmente y luego se discute en grupo. Grupos de dos a ocho personas son los mejores; grupos de más de ocho pueden volverse inmanejables. Anote cualquier buena idea tomada de los estudios de otras personas y comparta las suyas con ellos.

PERSONA ESTUDIADA: Nehemías

ESCRITURAS USADAS:

vv.	Pensamiento clave
1:4	Intensas emociones por el dolor de su pueblo.
1:9	Reclamó las promesas de Dios.
2:5-9	Confió en Dios, aun planeó en detalle.
2:20	Dios le dio crédito por el éxito.
4:14	Le enseñó a la gente temerosa a recordar a Dios y a la familia.
5:15	Estableció un ejemplo sin egoísmo por su reverencia hacia Dios.
6:13	Los enemigos concibieron un complot para arruinar su reputación.
8:10	Animó a la gente a regocijarse en el Señor.
13:14	Expresó su deseo de que Dios reconociera lo que había hecho.
13:25	Fue duro para tratar con el pecado en medio del pueblo.

APUNTE BIOGRÁFICO:

Nehemías, cuyo nombre significa "Jehovah es consolado", vivió durante el reinado del rey persa Artajerjes. Los eventos relatados en el libro de Nehemías ocurrieron alrededor de los años 445 y 433 a. de J.C. Nehemías era el copero del rey

(Ejemplo de estudio de personajes bíblicos)

Artajerjes, un trabajo que requería que él probara la comida del rey para comprobar que no estaba envenenada (*Diccionario Bíblico Mundo Hispano*).

La ciudad de Jerusalén había sido destruida al punto que los muros de la ciudad necesitaban ser reconstruidos. Nehemías recibió permiso de Artajerjes y todas las provisiones necesarias para reconstruir la ciudad. Bajo su dirección los muros fueron reconstruidos.

Durante el tiempo en que Nehemías sirvió como gobernador en Jerusalén, desafió a los judíos en asuntos tales como la práctica de negocios injustos y el matrimonio con esposas extranjeras.

VERSÍCULO CLAVE: Nehemías 2:17

Luego les dije: "Vosotros veis el mal estado en que nos encontramos: Jerusalén está destruida, y sus puertas están consumidas por el fuego. ¡Venid, reedifiquemos la muralla de Jerusalén, y no seamos más una afrenta!".

LECCIÓN SOBRESALIENTE: Santiago 2:17

"Así también la fe, si no tiene obras, está muerta en sí misma".

Nehemías es un ejemplo de un hombre que muestra su fe por sus obras. Él creía que Dios podía vencer cualquier obstáculo en la reconstrucción de Jerusalén, y estaba dispuesto a salir y a actuar a la luz de lo que creía.

(Ejemplo de estudio de personajes bíblicos)

PROBLEMAS:

vv.	Pregunta identificable
Nehemías 4:5	Jesús nos enseñó a orar por nuestros enemigos, no en contra de ellos. Nehemías oró en contra de ellos. ¿Fue esto correcto?
Nehemías 13:25	¿Con cuánta frecuencia se necesita tal dureza para combatir el pecado?

APLICACIÓN:

Nehemías era un hombre de acción. Él vio la necesidad y a pesar de que implicaba costo y peligro, tomó la oportunidad para llenar esa necesidad.

Mientras leía el relato de su vida, sentí que la voluntad y la disposición hacen la diferencia. Aunque Nehemías era un copero y no un hombre de construcción, estuvo dispuesto a ayudar a construir los muros de Jerusalén.

Como aplicación, voy a evaluar mi actitud y mi horario para estar dispuesto a cubrir las necesidades de otros. Me doy cuenta de que no he respondido a las necesidades si estas parecen muy grandes o difíciles; sin embargo, confiar en Dios es abandonarse a su suficiencia y habilidad para vencer los obstáculos.

(Ejemplo de estudio de personajes bíblicos)

Ahora tengo algunas oportunidades de ayudar a otros; no obstante, no he estado muy disponible. Esta semana voy a orar fuertemente para evaluar mi horario y hacer cualquier cambio que sea necesario para disponer de tiempo para ayudar.

Las oportunidades para ayudar que consideraré incluyen:

1. Unirme al grupo de evangelismo de la iglesia.

2. Pasar más tiempo con Enrique y Jaime.

3. Involucrarme más con la gente de mi clase de la Escuela Dominical.

(Ejemplo de estudio de personajes bíblicos)

Ayudas de estudio

LIBROS

Muchos de los más avanzados métodos de estudio piden que se busque información que los textos bíblicos no dan: ¿Cuál fue el marco histórico del libro? ¿Cuándo tuvieron lugar estos eventos? ¿Cuál era el propósito de esta costumbre? Para poder dar respuestas a preguntas como estas, considere añadir a su biblioteca algunos de los siguientes recursos:

1. Un *diccionario bíblico* confiable o una *enciclopedia* le darán información de la mayoría de las cosas que usted necesita saber sobre el marco histórico, cultural, geográfico y otros. Sugerimos usar: "Nuevo Diccionario Bíblico" Ediciones Certeza; "Diccionario Bíblico Mundo Hispano" (EMH 03668).

2. Para ayudarnos a entender el ambiente en el que un determinado pasaje o libro fue escrito o dado, como también una explicación de ciertas costumbres bíblicas, ayudará mucho el "Comentario del contexto cultural de la Bi-

blia. Antiguo Testamento" (EMH 03059) y "Comentario del contexto cultural de la Biblia. Nuevo Testamento" (EMH 03060).

3. A diferencia de un diccionario bíblico, un *diccionario de palabras bíblicas* explica el significado de palabras en griego o en hebreo. Algunos diccionarios vienen con el orden alfabético en español, de manera que usted puede buscar "someterse" y darse cuenta de lo que la palabra griega usada en Efesios 5:21 significa. Un diccionario de este tipo es el "Diccionario expositivo de palabras del Antiguo y Nuevo Testamento" de W. E. Vine (Editorial Caribe).

4. Un *manual bíblico* exhaustivo y contemporáneo le dirá la ocasión y el propósito de cada libro y/o cada parte del libro. (Por ejemplo, ¿cuándo les escribió Pablo su Primera carta a los corintios? ¿Dónde estaba Pablo y qué era lo que pasaba en Corinto? Una lectura cuidadosa del libro (1 Corintios, por ejemplo) por lo general ofrece muchas pistas si usted quiere verificar sus propias observaciones en contraposición con lo que han observado los eruditos; puede consultar su propio diccionario bíblico, la introducción de un buen comentario o un manual como "Compendio manual Portavoz" de Harold L. Willmington (EMH 03674).

5. Un *atlas bíblico* actualizado es invaluable. ¿Cuán lejos estaba Capernaúm (donde Jesús realizó muchos de sus milagros) de Jerusalén? ¿Sabía usted que Amós predicó en el reino del norte de Israel, pero que él era de Tecoa, en el reino del sur de Judea? ¿Importa esto? Dios le dijo a

Jonás que fuera a Nínive, pero Jonás se fue a Tarsis. ¿Dónde estaban Nínive y Tarsis? El "Atlas de la Biblia y de la historia del cristianismo" editado por Tim Dowley (EMH 15045) y el "Atlas histórico Westminster de la Biblia" editado por G. E. Wright (CBP 15030) serán de mucha ayuda.

6. Una *concordancia exhaustiva* enumera todas las veces que aparece cada palabra de la Biblia. Usted puede encontrar todas las referencias a la palabra "gracia" de manera que pueda estudiar ese tema. También podría tener acceso a todas las referencias sobre alguna persona, como María o Timoteo. Si recuerda que uno de los salmos habla acerca de estar sediento de Dios como el ciervo, puede usar una concordancia para descubrir el salmo. Inclusive puede encontrar información acerca de la palabra hebrea o griega del original.

Las concordancias más usadas son: "Nueva concordancia Strong exhaustiva" de James Strong (Editorial Caribe, 2002). "Concordancia Alfabética de la Biblia" de W. H. Sloan y A. Lerín (CBP 42054) que usa la versión RVR-1909; la "Concordancia Básica de la Biblia RVA" de C. McConnell (EMH 42101).

7. Un comentario de un libro de la Biblia en particular generalmente provee el transfondo histórico, la información geográfica, la opinión del autor y cómo interpretar cada pasaje. Los comentarios pueden ser extremadamente valiosos si usted resiste la tentación de permitirles que hagan su estudio en lugar de hacerlo usted mismo, y si los selecciona sabiamente. Un comentario solamente es bueno en la misma medida que su autor es sabio y educado. "La lectura eficaz de la Biblia" de Gordon Fee y D. Stuart (Edito-

rial Vida) incluye un capítulo excelente sobre cómo seleccionar un buen comentario. Ellos sugieren comentarios confiables para cada libro de la Biblia.

Consulte un comentario después de que haya hecho su propio estudio y busque ayuda para solucionar el significado de una declaración o un problema que haya identificado. Un buen comentario no sólo le dice lo que piensa el autor sobre el significado del pasaje. Más bien, le dirá todas las diferentes maneras en que se puede interpretar un pasaje difícil y, además, le da la información que necesita para que decida cuál interpretación le parece a usted que es la correcta.

AYUDAS A TRAVÉS DE LA COMPUTADORA

Desde mediados de los años ochentas muchos diseñadores de programas para computadoras han creado programas que ayudan en los estudios bíblicos. En las formas más sencillas, los programas bíblicos permiten localizar palabras individuales, frases o referencias específicas a través de toda la Biblia en solamente segundos y muestran el texto en la pantalla. Podemos encontrar múltiples versiones electrónicas de la Escritura, y la mayoría de los programas permiten ver al mismo tiempo una o más de estas traducciones en la pantalla. Más recientemente, muchas ayudas estándar para estudios bíblicos están a la disposición. Una de ellas es "Compubiblia" de SBU que tiene tres niveles; que incluye mapas, bosquejos bíblicos, comentarios y textos en griego y en hebreo. Editorial Mundo Hispano cuenta con su "Biblioteca Mundo Hispano", un programa para computadora que le permite tener acceso a libros y textos variados. Por medio de estos programas el estudioso bíblico puede tener acceso a cientos de textos, comentarios y ayudas en general, que de otra manera le sería casi imposible acceder. Y estamos a la espera de más ayudas en el futuro.

Suponiendo que alguien esté estudiando un libro de la Biblia, la computadora puede ser usada de las siguientes maneras para acelerar o intensificar el estudio:

- ✦ El pasaje puede verse simultáneamente en la pantalla en una o más traducciones.
- ✦ Las palabras clave pueden ser identificadas y buscadas rápidamente en el resto del libro, o en toda la Biblia, permitiendo por consiguiente ver la frecuencia con que son usadas.
- ✦ Las referencias cruzadas a considerar y las ideas pueden examinarse para encontrar cómo se trata una idea específica en otros lugares de la Biblia.
- ✦ Se pueden examinar las definiciones hebreas o griegas de palabras clave. También se puede observar la raíz de una palabra en cuestión.
- ✦ Palabras hebreas o griegas en particular pueden ser investigadas para saber si esa palabra es de uso exclusivo del escritor o es ampliamente usada. Hacerlo así es diferente a buscar la palabra en español porque la misma palabra griega puede ser traducida a media docena de palabras diferentes en español, dependiendo del contexto.
- ✦ El bosquejo del libro se puede consultar instantáneamente mientras se trabaja en el libro, permitiéndole así al estudiante ver cómo calza el pasaje en el todo.
- ✦ Se puede obtener la información de mapas para recibir una referencia visual del material.

✦ Se le pueden añadir observaciones al versículo, a manera de comentarios permanentes, y mantenerlas disponibles para estudios posteriores.

✦ Se pueden ver y añadir comentarios previamente publicados.

✦ Los resultados del estudio de la porción de la Biblia se pueden mantener en el programa que está usando o puede transferirse directamente a un procesador de palabras. Los resultados pueden imprimirse y compartirse con otros.

En la computadora también se pueden elaborar fácilmente estudios temáticos o de palabras específicas. Supongamos que se quiere examinar el concepto de "temor al Señor".

✦ Una investigación instantánea de la frase en español puede identificar rápidamente los lugares donde se encuentra tanto en el Antiguo como en el Nuevo Testamento.

✦ Se puede examinar fácilmente el contexto de esos versículos.

✦ En un índice de temas, investigaciones más profundas que usan el tema "temor" podrían aportar referencias que no usan las mismas palabras en español pero tienen la misma idea.

El desarrollo de estas ayudas es permanente. Casi cualquier librería cristiana puede ayudarlo a identificar el producto que podría ser mejor para su estilo de trabajo y computadora. Usualmente los únicos dos sistemas de computación compatibles son IBM y Macintosh.

Sugerencias para un programa de estudios bíblicos de largo alcance

El programa que se sugiere está organizado para ser llevado a cabo en cuarenta y cinco semanas de estudio por año. Para el estudio de cada libro se permite una semana de estudio por capítulo, una para hacer un esbozo preliminar y otra para hacer un resumen concluyente (esto quiere decir que se permiten siete semanas para un libro de cinco capítulos como es el caso de 1 Tesalonicenses). Estudios temáticos y de personajes se presentan en letra *cursiva*. El orden de los estudios temáticos asume que usted ya está bastante familiarizado con la doctrina básica a través de los estudios de "preguntas y respuestas".

Este programa no intenta ser rígido; usted puede ajustarlo de acuerdo con la necesidad de su propio programa de estudios.

Primer año	*Semanas*
1 Tesalonicenses	7
1 Juan	7
Filipenses	6
La salvación	2

Testimonio	2
Seguimiento	2
Evangelio de Marcos	18
Personaje: Daniel	1

Segundo año	*Semanas*
Colosenses	6
Jesucristo	
(deidad, muerte y resurrección)	3
1 Timoteo	8
Personaje: Timoteo	1
Evangelio de Juan	23
Oración	2
Personaje: Josías	1
Isaías 52:13—53:12	1

Tercer año	*Semanas*
Gálatas	8
El Espíritu Santo y el señorío de Cristo	3
Efesios	8
Personaje: Bernabé	1
Romanos	18
Éxodo 20	1
2 Timoteo	6

Cuarto año	*Semanas*
La Palabra de Dios	2
Tito	5
Personaje: Gedeón	1
Obediencia	1
Personaje: José	2
Hechos	30
Éxodo	1
Pacificador	1
Génesis 3	1
Visión del mundo	1

Quinto año	*Semanas*
1 Pedro	7
Sufrimiento	1
Josué 1	1
1 Corintios	18
Personaje: Elías	1
La voluntad de Dios	2
Hebreos	15

Sexto año	*Semanas*
2 Tesalonicenses	5
Mayordomía y generosidad	2
Génesis 22	1
Amor	2
Salmo 1	1
La segunda venida de Cristo	3
Salmo 2	1
Personaje: Ezequías	2
Evangelio de Lucas	26
La iglesia, su crecimiento y otros trabajos cristianos	2

Séptimo año	*Semanas*
Santiago	7
La lengua	1
Tentación y victoria	1
Pureza	1
Personaje: Eliseo	1
2 Pedro	5
Arrepentimiento	1
Pecado	2
Satanás	2
Salmo 23	1
Salmo 37	1
2 Corintios	15
1 Samuel 17	1
2 Samuel 7	1

Disciplina y diligencia	1
Buenas obras	1
Proverbios 2	1
Salmo 78	1
2 Juan	1

Octavo año

	Semanas
3 Juan	1
Judas	1
Humildad	1
Honestidad	1
Apocalipsis	24
Juicio e infierno	2
Personaje: Nehemías	2
Génesis 1	1
Génesis 12	1
Filemón	1
Administración del tiempo	1
Personaje: Pedro	5
Jueces 7	1
1 Reyes 18	1
Job 1	1
Job 2	1

Noveno año   Semanas

Evangelio de Mateo	30
Corrección y amonestación	1
2 Reyes 17	1
Salmo 40	1
Números 14	1
Fidelidad—de Dios; requisito para el hombre	2
Salmo 103	1
Deuteronomio 4	1
Josué 3	1
Jonás (4 capítulos)	6

Resumen de los nueve años   *Totales*
    27 libros del Nuevo Testamento (todos)   306
    30 *estudios temáticos*   49
    11 *estudios de personajes*   18
    30 capítulos del Antiguo Testamento   32
    Nueve años a 45 semanas por año   405

En el décimo año usted debe comenzar de nuevo, ya sea seleccionando uno de los nueve anteriores o puede añadir cualquier otro libro del Antiguo Testamento, tema o biografía que desee.

Análisis de versículos

Fecha: ____

Versículo para estudiar: _______________________________

____

Mensaje: (¿Qué dice el versículo?) _____________________

____

____

Contexto:

¿Qué reflexiones agregan los versículos anteriores? _________

____

____

____

¿Qué reflexiones agregan los versículos que le siguen? _______

____

____

____

____

____

Preguntas: ____

____

____

____

____

____

____

____

____

____

Aplicación: ____

____

____

____

____

____

____

____

____

____

El estudio bíblico ABC

Fecha: ____

Pasaje para estudiar: ________________________________

A. Título: ____

B. ❑ Mejor versículo o ❑ Pasaje principal:

C. Desafío:

Versículo del desafío: _______________________________

La verdad del desafío: _______________________________

Aplicación personal al desafío: _______________________

D. Dificultades:

Versículo	Dificultad

E. Esencia: (resumen o bosquejo)

Investigación de las Escrituras

Fecha: _______________________________

Pasaje para estudiar: _______________________________

Peculiaridad del pasaje: (¿Qué dice?)

Pasajes paralelos: (¿Qué dice en otras partes de la Escritura?)

Versículo:	Referencia:	Pensamiento clave:

Problemas del pasaje:
(¿Qué dice que no entiendo?)

Versículo:	Pregunta:

Provecho del pasaje: (¿Qué me dice a mí?)

El estudio bíblico avanzado ABC

Fecha: ____

Pasaje para estudiar: _________________________________

Veces que se ha leído:

    Despacio: ______ En voz alta: ______ Otras: ______

    Meditación versículo por versículo: ________________

    Tiempo usado en el estudio: _____________________

Título: ____

Aplicación: ____

____

____

____

____

____

____

____

____

Pasaje principal: ____________________________________

____

____

Referencias cruzadas:

Versículo:	Referencia:	Pensamiento principal:

Dificultades:

Versículo:	Pregunta:

Verdad central:

Estudio final:

Análisis exhaustivo de un libro

ESBOZO DEL LIBRO

Fecha:

Libro:

Personajes principales:

Marco histórico:

Propósito:

Temas:

Estilo:

Palabras clave:

Otros personajes:

Geografía:

ESBOZO DEL LIBRO

Compendio:

ANÁLISIS DEL CAPÍTULO

Fecha:

Pasaje:

Descripción del pasaje:

ANÁLISIS DEL CAPÍTULO

Versículo:	Observaciones:	Versículo:	Preguntas y respuestas:

ANÁLISIS DEL CAPÍTULO

Versículo:	Referencia cruzada y pensamiento enlazador	Notas y comentarios:

ANÁLISIS DEL CAPÍTULO

Título: _______________________________________

Tema: ____

____

____

____

Conclusiones: ________________________________

____

____

____

____

____

____

Aplicación: __________________________________

____

____

____

____

____

____

____

____

RESUMEN DEL LIBRO

Fecha: ____

Libro: ____

Título del libro: ______________________________________

Bosquejo final: _______________________________________

____

____

____

____

____

____

____

____

____

____

____

____

____

____

____

____

RESUMEN DEL LIBRO

Temas principales: ___________________________

____

____

____

Conclusiones principales: ___________________________

____

____

____

____

____

____

____

____

____

____

____

Aplicación final: ___________________________

____

____

____

____

____

RESUMEN DEL LIBRO

Estudio bíblico temático

Fecha: ____

Tema: ____

Pasaje estudiado:

Referencia:	Pensamiento identificador:

Estudio bíblico temático

Resumen o bosquejo: ______________________________

____

____

____

____

____

____

____

____

____

____

____

____

____

____

____

____

____

____

❏ Versículo clave o ❏ Versículo favorito:

____

____

____

Estudio bíblico temático

Ilustraciones: _______________________________________

____

____

____

Problemas:

Referencia:	Pregunta identificadora:

Aplicación: _______________________________________

____

____

____

____

Estudio de personajes bíblicos

Fecha: _______________________________________

Persona estudiada: _____________________________

Escritura usada:

Referencia:	Pensamiento clave:

Bosquejo biográfico: _______________________________

____

____

____

____

____

____

____

____

____

Versículo clave: ___________________________________

____

____

Lección principal: _________________________________

____

____

____

____

____

____

Estudio de personajes bíblicos

Problemas:

Referencia:	Pregunta identificadora:

Aplicación: ____

____

____

____

____

____

____

____